Günter Goepfert

Das bayrische Bethlehem

Günter Goepfert

Das bayrische Bethlehem

Geschichten, Gedichte, Lieder
und ein Krippenspiel

Mit Illustrationen
von Renate Holzner

Verlagsanstalt »Bayerland« Dachau

Sämtliche Vertonungen stammen von dem Münchner Komponisten Franz Biebl. Die Noten zu »Staade Zeit«, »Bald kummt d' Heilige Nacht«, »Herbergsuche« und »Der Stern hats ins Land gführt« sind mit Text in Nr. 5 und 6 der »Preißler-Singblätter« im Musikverlag Josef Preißler, 80084 München, erschienen. Die Verlagsanstalt »Bayerland« Dachau dankt für die erteilten Abdruckrechte.

Verlag und Gesamtherstellung:
Druckerei und Verlagsanstalt »Bayerland« GmbH
85221 Dachau, Konrad-Adenauer-Straße 19

Alle Rechte der Verbreitung (einschl. Film, Funk und Fernsehen) sowie der fotomechanischen Wiedergabe und des auszugsweisen Nachdrucks vorbehalten.

© Druckerei und Verlagsanstalt »Bayerland« GmbH
85221 Dachau, 1996

Printed in Germany · ISBN 3-89251-229-9

Inhalt

Vorweihnachtlicher Gang nach Maria Eich (mit Noten) . . .	7
Stadt im Advent	10
Es weihnachtet	11
Das Wunder des Advent	13
Mariä Verkündigung	14
Adventliche Einkehr	17
Die staade Zeit (mit Noten)	18
Wie mir Knecht Ruprecht den Marsch pfiff	19
Zauber der Kindheit (mit Noten)	23
Kopfüber in den Sack	24
Adventserinnerungen	27
Adventshimmel	29
Bald kummt d' Heilige Nacht (mit Noten)	30
Engel im Antiquitätenladen	31
Alles fürs Kripperl	32
Kripperlzeit (mit Noten)	35
Ein Krippenkünstler von Rang	36
Erinnerungen an Reinhold Zellner	
Rund ums Paradeisl	40
Amsellied vor Weihnachten	42
Die Christrose blüht	44
Gespräch mit meinem Weihnachtskaktus	46
Mein Weihnachtsapfelbaum	48
Christbaumverkauf im Wirtsgarten	50
Auf dem Christkindlmarkt	53
Münchner Winternacht	54
Vier Kerzen am Adventskranz	55
Eine Lektion für das Christkindl	56
Wie ich das Weihnachtsglöcklein entdeckte	59
Die Mettwurst	62

Wenn's schneiberlt (mit Noten)	64
Schlaf ei, mei liabs Kind	66
Engelsbotschaft	67
Christnacht (mit Noten)	68
Spaziergang ins Heilige Land	69
Vor 2000 Jahren …	71
In dir ist Bethlehem	73
Vor der Krippe	74
Christkindls Geburt Ein bayerisches Krippenspiel	76
Herbergsuche (mit Noten)	98
Es begab sich in der Heiligen Nacht	99
Die Flucht nach Ägypten	103
Gräberweihnacht	104
Erlauschtes in der Krippenschau	106
Der Stern hats ins Land gführt (mit Noten)	108
Die Heiligen Drei Könige	110
Die kleinen Heiligen Drei Könige	112
Wie heißt der Mohrenkönig?	114
Auf der Ofenbank (mit Noten)	115
Moosbichlers Silvesterfeier	116
Staadlustig ins neue Jahr	118
Ein Jahr …	119

Vorweihnachtlicher Gang nach Maria Eich

Wenn meine Frau und ich alljährlich in der Adventszeit Maria Eich besuchen, pflegen wir eine liebgewordene Tradition. Denn nicht von ungefähr gehört diesem beliebten Münchner Wallfahrtsort unsere besondere Zuneigung.
Wir könnten es uns, um dorthin zu gelangen, recht bequem machen und bis in die unmittelbare Nähe des Gnadenortes fahren. Dann aber würden wir uns einer ganz wesentlichen Vorfreude berauben. Und so wählen wir jeweils wohlbegründet den Wallfahrerweg. Wer ihn schon einmal, vielleicht von Gräfelfing aus, gegangen ist, wird sich erinnern, daß er vorbei an Gärten, Villen, aber auch durch Wiesen, Felder, Schonungen und schließlich durch einen großen Mischwald führt. Die verheerenden Stürme vergangener Jahre haben allerdings viele hundertjährige Baumriesen entwurzelt und breite Schneisen in den Forst geschlagen. Aber selbst die dadurch entstandenen bizarren Ausblicke sind in dieser Jahreszeit nicht ohne Reiz.
Den Wallfahrerweg an einem Wintertag zu gehen, bedeutet nicht nur ein inneres, sondern auch ein äußeres Erlebnis. Schnee und Rauhreif sind die allgegenwärtigen Akteure, die uns immer wieder Ausrufe der Bewunderung entlocken. Und nicht müde werden wir, einander auf besonders gelungene Kunststücke des Kältezauberers hinzuweisen, denn es könnte ja sein, daß sonst wesentliche Details unbeachtet blieben.
Ein russisches Hoch, das uns den strengen Winter mit dem böhmischen Wind beschert hat, beflügelt unsere Schritte, und die reine, nach Fichtengrün duftende Luft läßt uns jeden Atemzug genießen.
So erreichen wir am frühen Nachmittag die von uralten Eichen behütete Kapelle. Das sachte Dämmerlicht in ihrem Innern ist begrenzt vom flackernden Schein zahlreicher Opferkerzen.

Wohlige Wärme umfängt uns. In der vordersten Bankreihe entdecken wir zwei freie Plätze. Von einer unsichtbaren Heizung versorgt, vermitteln sie dem aus der Kälte kommenden Pilger sogleich das Gefühl der Geborgenheit und des Angenommenseins. Schon sucht und findet auch der Blick das Bildnis der Gnadenmadonna mit ihrem Kind. Als verehrungswürdiges Heiligtum krönt es in einer Gloriole aus Gold den Tabernakel. Bunt blitzen die Edelsteine in der kostbaren Gewandung. Besänftigend erfüllt zarter Wachsgeruch und Weihrauchduft den Raum. Und so fällt es nicht schwer, zur Andacht zu finden, zu einer Andacht, die das Besinnen und die Bereitschaft voraussetzt, sich ganz dem Mysterium der Menschwerdung Gottes zu öffnen. Maria ist ja nicht nur die himmlische Fürbitterin, wie die unzähligen Votivbilder in der Kapelle und rund um den legendären mächtigen Eichenstamm in unmittelbarer Nachbarschaft der Krippe bekunden, Maria ist ja vor allem die Mutter unseres Herrn und Erlösers Jesus Christus. Und so beschert diese kleine Kapelle, geweiht von den rührenden Dankesgaben vieler Generationen, eine heilsame Stimmung. Gute Gedanken sind es, die aufkeimen und sich wie Blütenknospen entfalten. Längst vergangene Adventstage gleiten in die Erinnerung. Verewigte Verwandte und Freunde erscheinen vor unserem geistigen Auge. Und es bedarf keiner Überlegung, um sie nicht gleich ins Gebet mit einzubeziehen.

Auf eine um das Jahr 1710 in einen ausgehöhlten Eichenstamm gestellte Marienstatue gehen die Anfänge der Wallfahrt zurück. Seither sind Hunderte von Gebetserhörungen bekannt geworden, und ungezählte gläubige Menschen von fern und nah haben ihre Sorgen und Nöte der Himmelsmutter anvertraut. Diese Gedanken in Verse zu kleiden, war lange mein Anliegen, ehe ich es eines Tages verwirklichte. Und angeregt von meinem Gedicht komponierte Franz Biebl die nachfolgende Weise:

Maria in der Eichn,
tua nimmer von uns weichn!
Mia san zwar arge Sünder,
doch bleim mia deine Kinder;
hilf uns mit Gottes Rat!

Maria in der Eichn,
du Muatta ohnegleichn,
mia kumma bittend ganga;
tuast uns voi Trost umfanga;
mia dankn für die Gnad!

Stadt im Advent

Die Stadt ist laut und still zugleich,
wie Nacht und Tag zur selben Stund',
hat lachenden und ernsten Mund
und ist ein großes Wunderreich.

Ist wie ein Rauschgoldengel licht,
der seine Arme offen hält,
als ob die ganze weite Welt
er heben wollt' an sein Gesicht.

Und überall ein Kerzlein brennt,
in jedem Herzen Hoffnung wacht
wie Glockenläuten in der Nacht.
So sind die Tage im Advent.

Es weihnachtet

Die Stadt ist beinahe über Nacht in ihr Flitterkleid geschlüpft. Wie ein Rauschgoldengel strahlt sie in Gold und Silber. Heller als sonst, mit großen Weihnachtssternen und Lichterbäumen geschmückt, leuchten die Fassaden der Geschäftshäuser. Die Schaufenster winken mit dem Schein von tausend Kerzen, und in bunten Christbaumkugeln spiegelt sich die Überfülle von ungezählten begehrenswerten Dingen. Lametta blinkt und Engelshaar hüllt alles in traumhafte Schleier: In einen einzigen großen Christkindlmarkt hat sich die Stadt verwandelt.
Vielleicht aber wäre es gut, einmal für ein, zwei Stunden all diesen künstlichen Glanz hinter sich zu lassen. Am Rande der Stadt sind die Wege teilweise noch ruhig und besinnlich. Die Zeit scheint hier anderen Gesetzen zu unterliegen. Von selbst werden die Schritte langsamer, die Unrast fällt ab. Alle Wege in die Einsamkeit führen ins Stille, Geheiligte und stimmen das Gemüt weihnachtlich.
Eng aneinandergeschmiegt sitzen auf den Stufen des Monopteros zwei junge Menschen. »Darfst dir etwas wünschen!« sagt der Mann und lächelt wie einer, der alle Wünsche erfüllen kann.
Der Chinesische Turm liegt im Dunkel. Von irgendwoher weht der Rauch eines Torffeuers. Ein Hase hoppelt über den Weg. Auf dem Kleinhesseloher See fällt eine Kette Wildenten ein. Lautlos, mit hocherhobenen Hälsen, gleiten einige Schwäne dahin. Nur manchmal geben sie einen leisen, singenden Laut von sich. Ein Lufthauch läßt das dürre Eichenlaub rascheln. Es riecht nach Schnee.
Eine Frau, zwei Kinder an der Hand, biegt in den Fußpfad ein. »Gell, Mami, jetzt ist's nicht mehr weit bis Weihnachten!« sagt eine Mädchenstimme. Im alten Schwabing brennen die Gaslaternen. Ihr milder Schein fällt auf ein Büschel Christrosen, die in der Ecke eines Vorgartens still vor sich hinblühen. Zwei alte Frauen, auf Stöcke gestützt, überqueren langsam die menschen-

leere Straße. »Gehst morgen wieder ins Engelamt mit, Bawett?« fragt die eine. –

Verschlafen liegen die niederen, dörfischen Häuser am Weg. In einer ebenerdigen Wohnküche wird mit Laubsäge und Leimtopf an einer Puppenwiege gebastelt. Eine Geige, von noch ungeübter Hand gespielt, singt ein weihnachtliches Kinderlied.

Auf allen Dingen liegt ein Hauch, der eher zu spüren als wahrzunehmen ist. Und trotz Sonnenferne und langer Nacht ist alles in diesen Tagen wie von innen her erleuchtet: Es weihnachtet! – Ja, es weihnachtet wirklich.

Das Wunder des Advent

Ein Glanz ist diesen Tagen eigen,
die still und voller Dämmrung sind.
Ein Klang von Glockenton und Geigen
erfüllt im Traum jetzt jedes Kind.

's ist mehr zu ahnen denn zu hören,
was vieler Menschen Herz durchzieht,
weht wie ein Hauch von Engelschören,
klingt wie ein halbvergeßnes Lied.

Ein Licht wird sich im Dunkel zeigen,
das Hoffnung uns und Liebe nennt,
und aus dem Warten, aus dem Schweigen
erblüht das Wunder des Advent.

Mariä Verkündigung

Mit der Verkündigung durch den Erzengel Gabriel beginnt das Mysterium der Menschwerdung Gottes.
»Sei gegrüßt, du Begnadete, der Herr ist mit dir«, so wendet sich der Himmelsbote an Maria. Und als diese erschrickt und nachsinnt, was die Anrede zu bedeuten habe, folgen die beruhigenden Worte: »Fürchte dich nicht; denn du hast bei Gott Gnade gefunden. Du wirst ein Kind empfangen, einen Sohn wirst du gebären: dem sollst du den Namen Jesus geben. Er wird groß sein und der Sohn des Höchsten genannt werden . . .«
Maria antwortete darauf demutsvoll: »Ich bin die Magd des Herrn, mir geschehe, wie du es gesagt hast.«
Inspiriert von dieser wahrhaft göttlichen Botschaft, haben in den vergangenen Jahrhunderten zahlreiche Maler und Bildhauer das Geschehen in ihren Themenkreis miteinbezogen und ihm künstlerischen Ausdruck verliehen. Und selbstverständlich fühlten sich auch die Krippenschöpfer aufgerufen, diese hochheilige Stunde zu würdigen.
Von den vielen einfühlsamen Darstellungen in Stadt und Land sei stellvertretend jene Miniaturszene in der Heiliggeistkirche im Herzen Münchens erwähnt, die alljährlich während der Adventszeit unzählige Besucher in ihren Bann zieht: Der licht gekleidete Verkündigungsengel, dessen Gesicht von unbeschreiblichem Liebreiz strahlt, erscheint in einem wenige Stufen höher gelegenen Raum, während Maria, offenbar von der Erscheinung überrascht, sich zu ebener Erde befindet. Schon drückt ihre Gebärde tiefste Demut aus; ihre Knie sind anmutig gebeugt, die Hände so behutsam geöffnet, als sei sie bereit, etwas Wunderbares zu empfangen. Die Stirn hat sie andächtig geneigt. Indes schickt sich der Angelus an, ihr eine weiße Lilie, das Zeichen der Jungfräulichkeit, zu überreichen. Und damit das Geheimnis auch für den Ahnungslosesten erleuchtend und verständlich werde, schwebt über Mariens Haupt inmitten von

Goldstrahlen der Heilige Geist in Gestalt einer schneeweißen Taube mit weit ausgebreiteten Flügeln.

Die Bildsprache dieses kleinen sakralen Werks, hinter dem ihre beiden Schöpfer, der Gröbenzeller Schnitzer Arno Visino und der Krippenbauer Rudolf Schleißheimer, in aller Bescheidenheit zurücktreten, ist so eindeutig und vollkommen, daß es eigentlich keiner Erklärung bedarf.

Freilich, eine Frage bewegt sicherlich jeden, der sich aufgerufen fühlt, über das geheimnisvolle Geschehen der Verkündigung nachzusinnen: Haben wir Irdischen begriffen, was diese Liebestat Gottes auslöste und bewirkte? Ist der Menschheit je bewußt geworden, wie unendlich und unfaßbar groß die Gnade war, die ihr zuteil wurde?

Adventliche Einkehr

Wenn wir in diesen Tagen
zur frommen Einkehr finden,
verstummen alle Fragen,
weil sie im Glauben münden.

Ist es nicht Gottes Wille,
daß unsern Sinn wir lenken
zu Einsamkeit und Stille,
zum wahren Sichversenken?

Was ist's, das wir gewinnen,
wenn wir die Hoffnung nähren?
Das Heil tief in uns drinnen,
den Blick in lichte Sphären?!

Wenn wir trotz aller Plagen
auf SEINE Hilfe bauen,
verstummen alle Klagen
im großen Gottvertrauen.

Die staade Zeit

Jetzt kummt die staa-de Zeit, früh werds scho Nacht. Glaubts nur, ihr lia-bn Leut, recht is's so gmacht.

Hoamli gehts Wunder um,
brauchst wartn bloß.
Laß' dumper in der Stubn,
leg d' Händ in' Schoß.

Schaug in di nei a weng,
gunn dir a Ruah,
weit werd, was zerst so eng,
und liacht dazua.

Nimm dir dei Zither her,
spui des oid Liad,
hast es ja no im Ghör
und tiaf im Gmüad.

Grad auf a bisserl nur,
wann ma si bsinnt,
findt ma von selber d' Spur
zum Krippenkind.

Wie mir Knecht Ruprecht den Marsch pfiff

In meiner Kindheit gab es noch keinen Studentendienst, der die Rolle des Nikolaus übernommen hätte, wie überhaupt der würdige Heilige damals kaum gefragt war. Vielmehr glaubte man, daß die Angst vor dem polternden und strafenden Knecht Ruprecht eine wirkungsvollere pädagogische Methode sei als das heiligmäßige Vorbild mit Bischofsmütze und Krummstab. Deshalb trat bei uns der Maurer-Martl in Krampusgestalt viele Jahre am Abend vor dem Nikolaustag sein Amt an. Er verbreitete um sich stets einen penetranten Geruch nach Bier und modrigem Loden. Zu derben, immer schmutzigen Arbeitsschuhen trug er feldgraue Wickelgamaschen. Als Kopfbedeckung diente ihm ein von Motten durchlöcherter alter Trachtenhut, und vor dem Gesicht trug er die übliche Knecht-Ruprecht-Maske, wie man sie für wenig Geld im Schreibwarenladl nebenan kaufen konnte. An dem verstümmelten rechten Zeigefinger hätten wir Kinder den Maurer-Martl aber auch in jeder noch so irreführenden Vermummung wiedererkannt. Zu allem Überfluß pflegte er, wenn er die Rute auf unserem Hosenboden tanzen ließ, immer einen bestimmten Marsch zu pfeifen, den ich nur von ihm gehört habe.
Einmal, an einem dämmrigen Spätnachmittag nach dem ersten Advent, kam mein Freund, der Nachbarbub Franzl, mit einer aufregenden Nachricht. Er hatte entdeckt, daß der Geräteschuppen im Hof, der dem Martl gehörte, nicht verschlossen war. Mein Spezl hatte dort nicht nur das Schundniklgewand des Maurers erspäht, sondern gleichzeitig auch ausgekundschaftet, daß er in der Wirtschaft beim Schafkopfen saß. Es stand fest, daß man diese einmalige Gelegenheit nützen müsse, dem Martl einen Streich zu spielen. Der Wastl, als dritter im Bund, dessen Vater in der Nachbarschaft eine Schlosserwerkstatt betrieb, wo die

Wagenschmiere zum alltäglichen Einmaleins gehörte, unterbreitete uns auch gleich seinen Plan.
Er lautete schlicht und einfach: »Schmiere in die Maske!«
Mir ging das allerdings zu weit. »Nein«, sagte ich aus voller Überzeugung, »alles, was recht ist, aber bei einer solchen Schweinerei hört der Spaß auf.« Außerdem gab ich zu bedenken, daß der Verdacht unweigerlich auf uns fallen und was uns dann Schreckliches blühen würde. Um aber nicht als Spielverderber dazustehen, plädierte ich für das Zubinden der Mantelärmel und wertete es als echte Freundestat, daß mich der Franzl mit einem Stück Spagat unterstützte. Den Wastl forderten wir auf, Obacht zu geben, damit wir nicht überrascht würden. Statt aber diesen Auftrag widerspruchslos auszuführen, wurde er nicht müde, mißgelaunt, wie er war, uns mit starken Sprüchen zur Eile anzutreiben.
Ein paar Abende später war es dann soweit, daß sich der Maurer-Martl als Krampus und mit einem alten Kassenbuch, in dem er die Adressen samt Sündenregister aufgezeichnet hatte, auf den Weg machte. Offenbar stand ich auf seiner Liste an oberster Stelle. Daß er besonders wild war, merkte ich schon an der Art, wie er mit der Kette an die Wohnungstür schlug. Und da fiel mir auch gleich die Dämmerstunde in Martls Geräteschuppen ein, wo ich mich für das Zubinden der Ärmel stark gemacht und mich diesbezüglich lustreich betätigt hatte. Jetzt war mir freilich weniger wohl zumute. Als ich dann gar noch Rede und Antwort stehen mußte und mein Blick auf seine Larve fiel, sah ich, daß über ihren Rand Wagenschmiere quoll – dicke, schwarze Wagenschmiere... Mein Atem stockte vor Schrecken. Also hatte der Schlosser-Wastl nachher doch noch seinen Plan verwirklicht. Vor Angst begann es mir ganz schrecklich heiß zu werden. Aber auch der Martl schien zu schwitzen, und der vermeintliche Schweiß, der ihm in den Kragen rann und den er mit der Hand wegzuwischen versuchte, verriet ihm die ganze schmierige Bescherung.
Einen Augenblick lang war er sprachlos. Dann aber ging ihm plötzlich ein Licht auf. »Saubuam, elendige – ganz miserable!«

keuchte er. Aber weil nur einer greifbar war, geschah es durchaus folgerichtig, daß er mir seinen Marsch auf besonders heftige und ausdauernde Weise einbleute. Selbst die hochheilige Versicherung, daß ich gegen die Wagenschmiere gewesen sei, half nichts. Der Martl pfiff dessenungeachtet im Takt seiner Rutenschläge das ganze Opus zu Ende.

Der wahre Übeltäter blieb übrigens aus einem mir damals nicht nachvollziehbaren Grund ungeschoren. Wastls Vater, der zu den fortschrittlichen Männern im Viertel zählte, hatte sich nämlich vorgenommen, anstelle des bisher geübten autoritären Verfahrens die liberale Erziehungsmethode einzuführen. Deshalb kam zur Familie des Schlossermeisters bereits in jenem Jahr der heilige Nikolaus.

Zauber der Kindheit

Heut im Traum is's mir gschehn, hab in

d' Kind-heit zruck gsehn: Hab an d' Muat-ta mi

druckt und mi gar nim-mer gmuckt.

Hat der Krampus mi gschreckt,
hab umsonst mi versteckt.
Doch Sankt Niklas danebn
hat mir d' Sündn vergebn.

Hat a Sackerl mir bracht
und is furt in der Nacht.
Bin im Zimmer rumghupft
und ins Bettl bald gschlupft.

Hab mi groß gwünscht und reich,
grad dem Nikolaus gleich...
Doch erst heut is's mir klar,
wie glückselig ich war.

Kopfüber in den Sack

Vielleicht wäre doch noch alles gut gegangen. Aber dann sagte ich eines Tages, als daheim vom Nikolaus die Rede war, daß ich nicht mehr an ihn glaube und daß ich es ihm schon selbst sagen wolle. Ich ging gerade das erste Jahr zur Schule; da mußte ich es doch wissen. Meine Mutter aber meinte, daß ich meine Ungläubigkeit schon büßen werde. Ich lachte: »Ich bin nicht so dumm, und erwischen lasse ich mich auch nicht.« Daß es mir dabei aber doch nicht ganz geheuer war, ließ ich mir nicht anmerken. Vielmehr pfiff ich beherzt vor mich hin und stahl mich auf die Dorfstraße hinaus.

Als am andern Tag der Nikolausabend heranrückte, begrüßten mich auf der dunklen Straße nur dünne, verlegene Stimmen. Und während ich fragte, wo denn die anderen geblieben seien, traten der Karl und der Sepp an mich heran und sagten mir zerknirscht, daß auch sie nicht mitmachen könnten, weil sie um sieben Uhr daheim sein müßten. Am liebsten wäre auch ich umgekehrt. Aber da standen noch die zwei Nachbarsbuben auf meiner Seite, die ich nicht enttäuschen durfte. Und so pfiff ich verächtlich durch die Zähne und sagte zu den beiden: »Auf geht's!«

Wir gingen schweigend im Gänsemarsch durch das ganze Dorf, bis wir an die Scheune vom Bichler gelangten. Hier war das Dorf zu Ende, und man konnte ein Stück des Waldwegs überblicken, der zum Huberhof führte. Von dort war noch in jedem Jahr der Nikolaus gekommen. Das wußten wir.

Die Zeit wollte nicht vergehen. Es war eine unheimliche Nacht, und wir froren abscheulich. Aber gerade, als ich mich laut zu dem Entschluß durchgerungen hatte: »Wenn es nicht gleich was wird, trollen wir uns . . .«, hörten wir schwere Tritte, das Gerassel einer Kuhkette und zwei uns bekannte Stimmen. Der Huberbauer, mein Onkel, unterhielt sich mit seinem ältesten Sohn über ein Pferd, das beschlagen werden sollte. So hörte es sich an. Als

die zwei Gestalten aber näherkamen und das Stallicht vom Bichleranwesen auf sie fiel, erschraken wir; denn es war der heilige Nikolaus mit dem Knecht Ruprecht. Als sie dicht vor uns waren, gaben mir meine zwei Begleiter einen Stoß, worauf ich in den Lichtschein stolperte. Und nun hätte ich das Verslein sagen müssen: »Nikolaus, Nikolaus – schaust wie der Huberonkel aus!« So hatten wir es ausgemacht. Aber schnell besann ich mich eines Besseren und sang den einfältigen Kinderreim: »Nikolas, bring mir was – pfüat di God, i hab' scho was!«
Da aber hatte mich der Pelznikl am Schlafittchen, beutelte mich, daß mir die Sterne vor den Augen tanzten. Und plumps! war ich im Sack drin, so daß nur noch meine langen Beine herausschauten. Ich schrie wie am Spieß und versprach, mich zu bessern. Die beiden aber taten, als ob sie schlecht hörten, und unterhielten sich darüber, wo sie mich nachher im Wald abladen wollten und welcher Fuchs mich fressen würde. Als ich mich gar nicht beruhigte, meinte der brave Nikolaus, er könne später ein gutes Wort für mich einlegen, wenn mein Versprechen ehrlich gemeint sei und wenn ich mich eine Zeitlang ruhig und brav verhielte. So wagte ich schließlich durch das großmaschige Gewebe des Rupfensackes zu spitzen.
Da kamen wir gerade zu den Schusterbuben, die mich so schmählich im Stich gelassen hatten. Sie beteten so brav, als hätten sie nie eine Schandtat vollbracht, und erhielten vom schönen Nikolaus eine silberne Rute, an der ein prall gefülltes Säcklein mit Nüssen hing. Dann mußten sie meine Beine anlangen, um zu fühlen, daß sie echt und nicht ausgestopft waren. Und als man mich fragte, wer ich sei, antwortete ich ganz artig: »Das Michele vom Kramer«. Da zitterten die Schusterkinder noch mehr und wollten gleich wieder zu beten anfangen. Aber der Knecht Ruprecht sagte, daß er diesmal noch Gnade vor Recht ergehen lasse. Dann rasselte er schrecklich mit der Kette, schlug mit seiner Rute auf den Tisch und stapfte keuchend hinter dem heiligen Nikolaus her, die Straße weiter. So ging es von Haus zu Haus, von Hof zu Hof. Und überall befühlten die Kinder meine Beine, und ich mußte sagen, daß ich das Michele vom Kramer sei. Das

gab mir jedesmal einen gewaltigen Stich durch mein stolzes Bubenherz.

Endlich, als wir überall gewesen waren und der Knecht Ruprecht nur mehr unter seiner lebendigen Last stöhnen konnte, meinte der heilige Nikolaus, daß sie es mit mir noch einmal probieren wollten, und sie trugen mich nach Hause. Hier öffnete der Schundnikl den Sack und ließ mich auf den Fußboden rollen, gerade vor die Füße meiner Mutter. Die tat gar nicht verwundert und sagte, daß ich dem heiligen Nikolaus schön danken müsse, weil er einen solch bösen Buben noch einmal ausgelassen habe. Da gab ich ihm pflichtschuldig meine Hand und empfing auch eine silberne Rute mit einem Beutel voller Nüsse. Der Knecht Ruprecht hätte mich noch gerne ein bißchen nach seiner Rute tanzen lassen. Doch die Mutter meinte, daß es für heute wirklich genug sei.

Später, als ich mich mit dem hölzernen Nußknackerweibl den Nüssen zu Leibe rückte, dachte ich darüber nach, warum der heilige Nikolaus das gleiche dunkle Muttermal an seiner rechten Hand hatte wie der Huberbauer, der mein Onkel war. Aber ich hielt es für klüger, vorerst nicht davon zu reden.

Adventserinnerungen

Damals, in meiner Kindheit, schien mir das Warten auf den Heiligen Abend ein schwerer Prüfstein für meine bubenhafte Ungeduld zu sein. Wie zählte ich die Wochen und Tage, ja, selbst die Stunden, bis es endlich soweit war und sich nach dem Bimmeln des Glöckleins die Tür des Christkindlzimmers auftat!
Aber wie seltsam – noch deutlicher sind mir die Tage der Hoffnung und Vorfreude in meiner Erinnerung geblieben. Und je älter ich werde, um so öfter geschieht es, daß meine Gedanken, leicht wie Engelshaar, Jahrzehnte zurückfliegen.
Wenn ich da an die Adventszeit meiner Kleinbubenjahre denke! Es war ein unbeschreiblicher heiliger Schauer, der wundersam mit jedem Herzschlag durch mein Inneres bebte. Wie kaum zuvor suchte ich in jenen vorweihnachtlichen Tagen die Einsamkeit. Schloß ich dann die Augen, sah ich Engel auf silbernen Strahlenbahnen aus einer rotgoldenen Himmelsöffnung niederschweben. In feierlicher Prozession trugen sie Geschenke, und es gab für mich keinen Zweifel, daß auch ich zur vorbestimmten Stunde liebevoll mit Gaben bedacht werden würde. In dieser von Geheimnissen durchwirkten Zeit ging ich abends besonders gerne zu Bett. Mein Zimmer wurde dann zu einem Märchenschloß mit hundert Türen, zu denen nur ich die Schlüssel besaß. Mühelos baute mir meine Phantasie regenbogenfarbene Brücken über alle irdischen Abgründe hinweg.
Erwachte ich aber einmal mitten in der Nacht, dann war ich sicher, daß mich ein im Dienste des Christkinds stehender Engel am Ohrläppchen gezupft oder mir ein schalkhafter Wichtelmann die Bettdecke weggezogen hatte. Ganz bestimmt war das eine wie das andere von tiefer Bedeutung. Vielleicht hatte mich der Gnom darauf aufmerksam machen wollen, daß meine Kasperlfiguren und Bären wie wild durch mein Zimmer getollt und bei meinem Erwachen nicht mehr rechtzeitig auf ihre angestammten Plätze gekommen waren. In der Tat lagen meine Ge-

spielen kreuz und quer über den Boden verstreut. Als ich dann ein andermal dem davonfliegenden Engel durch die Vorhänge nachspähte, fand ich ein Stück Lametta auf dem Fensterbrett und entdeckte ein paar Augenblicke später, daß auch mein Wunschbrieflein, das ich, des Schreibens noch unkundig, gezeichnet und ins Vogelhäuschen gelegt hatte, abgeholt worden war.
Jeder Tag brachte neue aufregende Entdeckungen. Was sollte ich beispielsweise davon halten, daß mein Lieblingsteddy, dem ein Arm fehlte, wenige Wochen vor dem Fest verschwunden war, aber an seiner Stelle ein Kärtchen lag, auf dem mir das Christkind höchstpersönlich mitteilte, daß der gute Bär in die Klinik müsse und es im Hinblick auf die Operation schon einige Zeit dauern würde, bis er wieder gesund sei? Oder wie verhielt es sich mit dem Christbaum, der plötzlich in der Balkonecke lehnte und der so würzig wie ein ganzer Tannenwald nach Weihnachten duftete! Und wenn es dann gar hieß, man dürfe der Mutter auf allerhöchsten Wunsch beim Plätzchenbacken helfen, dann war das Glück wirklich unermeßlich, ja, himmelhoch groß.
So gehen die Erinnerungen in dieser Zeit vor Weihnachten ihre Wege, und ich frage mich, was damals schöner war, die Wochen der Vorfreude und Erwartung oder der Heilige Abend mit der ersehnten Stunde der Bescherung. Fast möchte ich heute glauben, daß es die von hundert Heimlichkeiten und ungezählten kleinen Überraschungen erfüllten Wochen im Advent waren, die unsere Seligkeit vollständig und uns selber zu halben Engeln machten. Nicht daß ich die einfachen, aber mit viel Liebe verfertigten Spielsachen oder die von der Mutter gestrickten oder genähten Geschenke und die Freude darüber vergessen hätte!
Aber die Zeit, die dem Fest vorausging, war doch für das Gemüt bedeutungsvoller und für die Phantasie fruchtbarer, als es der goldenste und an Gaben reichste Heilige Abend hätte sein können. Keine dieser köstlichen vorweihnachtlichen Erinnerungen meiner Kindheit möchte ich missen. Von Jahr zu Jahr, so scheint es mir, gewinnen sie an Leuchtkraft und Innigkeit. Doch das ist wohl mit allen Wundern so, die ihren Ursprung im Glauben haben.

Adventshimmel

Langsam durch die Straßen schreiten
im Gedenken alter Zeiten.
Hoffnung, Staunen und Entzücken,
Seligkeit in Kinderblicken.

Gucklöcher in Scheiben hauchen,
voller Andacht untertauchen:
Teddybär und Puppenstübchen,
Eisenbahnen für das Bübchen.

Rauschgoldengel, Märchenträume,
Duft verschneiter Tannenbäume.
Schon im Ohr die Weihnachtslieder;
leis das: Alle Jahre wieder ...

Glockenklang und Lichterfülle,
Krippenwunder in der Stille.
Augen, die uns lautlos fragen –
Hauch aus fernen Kindheitstagen!

Bald kummt d' Heilige Nacht

Wia a groß Paradies
jetzt die ganze Stadt is.
Daß i alles verzähl:
Selbst der Himmi is hell.

Aufm Kripperlmarkt drunt
glitzerts golden und bunt.
Jedes Gschäft, jeder Stand
hat as Christkind zur Hand.

In der Vorstadt, jeds Haus,
ganz verzaubert schaugts aus.
Fast auf jedem Balko
loahnt a Christbaamerl scho.

Und a hoamlicher Duft
liegt ganz warm in der Luft,
als ob oamoi im Jahr
d' Stadt a Backstubn waar.

Bis in d' Nacht eini spaat,
da werd gwerkelt und gnaht,
da werd bastelt und gschnitzt
und durchs Schlüsselloch gspitzt.

Ja, a Wunder geht um,
's werd von selber oiß stumm,
's werd von selber oiß sacht:
Bald kummt d' Heilige Nacht!

Engel im Antiquitätenladen

Am Marktplatz ist ein kleiner Laden.
Ein Engel mit barocken Waden
steht dort am schmiedeeisern' Tor,
und manchem Kunstfreund kommt es vor,
daß dieses Werk etwas entbehrt,
das seinen Wert doch kaum entehrt:
Es hat ihm eine Schicksalslaune
entwendet Flügel und Posaune.
Sein Lächeln ist stark abgenützt,
auch steht er nur, weil man ihn stützt.
Und manche seiner goldnen Falten
sich mühsam nur zusammenhalten.
Doch was ihm fehlt an Glanz und Jugend,
ist für den Kenner reine Tugend.
Das ungenierte Holzwurmticken
bereitet himmlisches Entzücken.
Und so mit launiger Gebärde
vereint er Himmel, Mensch und Erde.

Alles fürs Kripperl

Bei Tag über den Kripperlmarkt zu gehen, mag schön sein. Unvergleichlich aber ist es, am späten Nachmittag, wenn in der schnell hereinbrechenden Dezemberdunkelheit alle Verkaufsstände die Lichter angezündet haben, an den Buden entlangzuschlendern. Erst dann, wenn sich über den vom Wind gebauschten Planendächern der Nachthimmel wölbt, entfaltet der Kripperlmarkt seinen ganzen Reiz. Ein Flimmern, Glitzern und Leuchten hebt an, das ohnegleichen ist. Die farbigen Glaskugeln, die Flittergirlanden, die Silberglöcklein und die Rauschgoldengel funkeln verheißungsvoll. Warm leuchtet das Wachs, das in Form von Kerzen, Bildnissen und Figuren eine besonders anheimelnde Sprache redet.
Ein buntes Vielerlei gehört seit Menschengedenken traditionsgemäß zum Kripperlmarkt: Stände mit Geschirr, Holzwaren, Textilien, Spielzeug, Büchern und manchem anderen mehr. Und auch der Geruch von harzigem Tannengrün, von Fenchel, Bratwürsten, heißen Maroni, gebrannten Mandeln und Glühwein sorgt für ein unvergleichliches Fluidum.
Es wäre kein echter Weihnachtsmarkt, würden nicht auch kunstvoll gebaute Krippenställe nach altbayerischem oder bethlehemitischem Vorbild auf Liebhaber warten. Doch sind diese kargen Behausungen ja eigentlich erst der Anfang. Das ganze Gelände mit Bäumen, Büschen, Hügeln, Bach und Felsgestein verlangt, gestaltet zu werden. Unerläßlich ist die passende Kulisse oder ein Panorama, das dem biblischen Geschehen gerecht wird.
Die hier erhaltenen Anregungen kann der Krippenfreund ein paar Schritte weiter gleich aufgreifen: Fein säuberlich ausgelegt präsentieren sich Scharen von Jesuskindln, von heiligen Marien sowie heiligen Sepperln in allen Größen und für jeden Geldbeutel und Geschmack. Daneben liegen Wachsköpfe mit den dazugehörigen Händen, die noch ahnungslos sind, ob sie einmal für

einfache Hirten oder für das Gefolge der Heiligen Drei Könige ausersehen sind. Darüber schweben in unschuldsvoller Nacktheit kleine goldbeflügelte Engel neben einer stattlichen Armada von Schweifsternen.

Zu einem ansehnlichen Kripperl gehört aber nicht nur die Heilige Familie samt Ochs und Esel; da gilt es schließlich auch, an die Weisen aus dem Morgenland und ihren fürstlichen Troß zu denken. Und wer sich mit Elefant, Kamel und Pferd nicht zufriedengeben will, der kann wahlweise außer der unentbehrlichen Lämmerherde und den Schäferhunden auch noch mit Löwe und Tiger, mit Hirsch und Gemse die Menagerie vergrößern.

Auch wer nach Schäferkarren, Ziehbrunnen und naturgetreuen Feuerstellen Ausschau hält, wird fündig. Ja, selbst für die Bepflanzung ist gesorgt. Wer Palmen und Zypressen verschmäht, kann sich für Wacholder oder anderes immergrünes Buschwerk entscheiden. Dünnes Plattenmoos wird zur Wiese, und feiner Quarzsand ist dazu ausersehen, die Wege zu markieren.

Das Geschäft floriert. Aber selbst jene Besucher, denen es heute nur um eine Inspiration ging und die sich bei einem Haferl Glühwein von der wundersamen Stimmung haben verzaubern lassen, werden gewiß bald wieder kommen. Denn hier wissen sie, was sie finden, nämlich alles, aber auch wirklich alles fürs Kripperl.

Kripperlzeit

Kommts, Kin-der, jetzt hel- fa ma zamma, die

Zeit hat scho fil-zer-ne Sohln. Am Bodn in der luf-ti-gen

Kam-ma stehts Krip-perl und wart', daß mirs holn.

Wo is bloß dem Josef sei Gwandl?
Die Mottn ham dran sich lustiert,
und grad auf dem Christkind sein Handl
is a Fliagn was Menschlichs passiert.

Der Wasserfall unter dem Brückerl
ist staubi und blindaugat worn.
Vom Sternschweif fehln etliche Stückerl,
und oa Hirt hats Lampl verlorn.

Dees Gold von die Heiling Drei Keeni
wird aa scho seit langem vermißt.
Die Dachln (Dohlen) ham gfreut sich net weni;
sie ham net umsonst obn gnist.

Doch jetzt, zu die heilign Zeitn,
waht scho a ganz anderer Wind:
Helfts zamm gschwind und tuats fei net streitn;
jetzt richt ma as Kripperl fürs Kind!

Ein Krippenkünstler von Rang
Erinnerungen an Reinhold Zellner

Wer im Advent und in der Weihnachtszeit den Prunkhof des Münchner Rathauses betritt, kann sich alljährlich einer liebgewordenen Christkindlmarkt-Tradition erfreuen, nämlich der dort aufgebauten »Stadtkrippe«. Sie ist das beliebte Ziel von vielen Besuchern aus nah und fern. Dabei ist es besonders auffallend, daß die Erwachsenen stets in der Überzahl sind.
Um dem Informationsbedürfnis Rechnung zu tragen, ist der Name des Krippenschöpfers gut sichtbar vermerkt: Reinhold Zellner. Wer war dieser Künstler, dessen Biographie nicht nur für seine Heimatstadt von Interesse und Bedeutung ist?
Reinhold Zellner wurde am 13. April 1903 als einziger Sohn eines aus dem Landkreis Freising stammenden Schuhmachers im Münchner Osten, dem sogenannten Franzosenviertel, geboren. Schon bald führte die Eltern auf der Suche nach besseren Verdienstmöglichkeiten ihr Weg nach Holzkirchen, Weilheim und schließlich im Mai 1914 nach Miesbach. Von dort kehrte ihr Sohn Reinhold nach Abschluß der Volksschule in seine Geburtsstadt zurück, um hier seine Berufsausbildung zu beginnen. Es ist amüsant zu hören, daß ihn sein erster Lehrmeister, der Kunstschreiner Vogel, der in der Augustenstraße seine Werkstatt hatte, von dort täglich mit der Trambahn zum Bierholen ins Hofbräuhaus schickte. Diesem Lehrherrn war es zu verdanken, daß der tüchtige Bub alsbald in die Holzbildhauerei Finster & Schumann in der nahen Schellingstraße überwechseln konnte. Die Revolution von 1918 machte diesem hoffnungsvollen Wirken allerdings ein vorzeitiges Ende.
Ein besonderer Glücksfall war es, daß Maximilian Graf Courten durch eine von Zellner gefertigte Weihnachtskrippe auf den begabten jungen Mann aufmerksam wurde und ihm ein Studium an der Staatshochschule für angewandte Kunst bei Professor

Robert Engels ermöglichte. Es zeugt von hoher Wertschätzung durch den Grafen, daß er seinen Schützling solange als Gesellschafter in seinem Miesbacher Haus aufnahm, bis dieser sich im Jahre 1930 selbständig machen konnte. Weitere namhafte Persönlichkeiten förderten den Künstler, der nun Tegernsee als Wohnsitz wählte.

Bei der Quellensuche nach Details vermittelt der »Lebensroman« von Vater Nikolaus Zellner (1875–1956) einige weitere Informationen. Demnach arbeitete sein Sohn auch zeitweise in der Keramikmanufaktur Ullbricht – Söhne, wo er, wie es heißt, sehr beliebt war und seine Kunst zeigen konnte. Aus dem Lebensbericht geht ferner hervor, daß Reinhold eine wesentlich ältere Saarbrückerin geheiratet hatte, die aber offenbar allzusehr auf ihren wirtschaftlichen Vorteil bedacht war. Diese unglückliche Verbindung war deshalb auch nicht von Dauer.

Im Jahre 1940 kam für den nun Siebenunddreißigjährigen die Einberufung zur Wehrmacht mit dem Kriegsdienst bei einer Flugabwehreinheit im Ruhrgebiet. Bekannt ist aus dieser Zeit nur, daß er damals die 1912 in Augsburg geborene städtische Kindergärtnerin Dora Kühlhorn kennenlernte, die nach Reinholds Rückkehr aus amerikanischer Gefangenschaft in München seine Frau wurde. Wie vordem Graf Courten, so war auch diese gebildete und mit dem Kunsthandwerk vertraute Lebensgefährtin, die als kongeniale Mitarbeiterin aus Reinhold Zellners Leben und Wirken nicht wegzudenken ist, eine überaus glückliche Fügung. Mit ihr, die ihm 1948 und 1950 zwei Söhne gebar, verschaffte er sich in den kommenden Jahrzehnten als Krippenkünstler und Bildhauer einen weit über Bayern hinausreichenden guten Ruf.

Dr. Wilhelm Döderlein, der Hauptkonservator im Bayerischen Nationalmuseum, war nicht der einzige, der Zellners Fähigkeiten zu schätzen wußte und ihn bei der Wiederinstandsetzung der weltberühmten Schmederer-Krippensammlung miteranzog. Und nicht von ungefähr erhielt er auch zahlreiche Aufträge der Stadt München, des Bayerischen Landwirtschaftsministeriums und vor allem natürlich von Kirchen und Museen. So entstand

1954 die eingangs hervorgehobene Münchner Stadtkrippe. Ein Jahr später folgten die »Münchner Originale« im Donisl, nämlich die sechs je 45 Zentimeter großen Figuren, die den Xaver Krenkl, den Schichtl, das Nußkatherl, den Finessen-Sepperl, den Ewigen Hochzeiter und den Wurstl mit Schäffler verewigen. Neben der Restaurierung wertvoller Krippen im Alten Peter, in der St.-Sebastians-Kirche in München, aber auch in der Abtei Scheyern, im Kapuzinerkloster Laufen und im Kloster Tegernsee verdienen mehrere weitere eigene Krippenschöpfungen Zellners sowie die 1978 bis 1980 geschaffenen zehn Jagdszenen als Zinnfigurendioramen im Bayerischen Jagdmuseum in der Neuhauser Straße Erwähnung.

Zum Hauptwerk Zellners sollte dann allerdings »Die Schau im Marienwerk Altötting« werden. In siebzehn bis zu drei Meter breiten und zwei Meter tiefen Großraumbildern mit rund 500 handmodellierten und historisch gekleideten Figuren sowie 3000 Zinnsoldaten zeigt diese in ihrer Art einmalige Schau die wichtigsten Ereignisse aus der 500jährigen Geschichte der Altöttinger Wallfahrt.

Dieser Mammutauftrag, der unter großem Zeitdruck in nur zweieinhalb Jahren von 1957 bis 1959 ausgeführt wurde und das Ehepaar bis an die Grenzen der physischen Belastbarkeit brachte, machte es unerläßlich, die Münchner Wohnung in der Schleißheimer Straße gegen ein Domizil in Altötting zu vertauschen. So wurde dieser Ort schließlich zur Heimstätte ihrer späten Jahre. Reinhold Zellner starb dort, von altersbedingten Krankheiten gezeichnet, aber bis zuletzt geistig rege, am 6. April 1990. Seine Frau folgte ihm bereits sieben Tage später im Tod nach.

Unvergessen bleiben für den Freundeskreis die Begegnungen mit dem Ehepaar Zellner. Zu Recht waren sie vom Freistaat Bayern mit einem Ehrensold bedacht worden, um sie vor wirtschaftlichen Kümmernissen zu bewahren. Paul Ernst Rattelmüller, der langjährige Bezirksheimatpfleger von Oberbayern, würdigte einmal das Ehepaar Zellner folgendermaßen: »Er und seine Frau Dora sind nicht einzuordnen in die Kategorien allgemeiner Normen im Bereich der bildenden Kunst. Die beiden sind Außenseiter ohne jede Konkurrenz, mit niemandem auf künstlerischem Gebiet auch nur annähernd zu vergleichen.«

Eine Kurzbiographie von Reinhold Zellner wäre arg lückenhaft, würde man nicht in Erinnerung bringen, daß er in jungen Jahren als Gitarrist in der Nachfolge des Kiem Pauli bei den Tegernseer Musikanten mitwirkte und daß er sich zeichnerisch sogar auf das Gebiet der Mathematik vorwagte. Abschließend sei vor allem aber auf Zellners literarisches Werk verwiesen, das er zum Teil im Selbstverlag veröffentlichte und an dessen Vollendung er vor allem in seinem letzten Lebensjahrzehnt unermüdlich gearbeitet hat. Auf ein Gutteil dieser Schriften trifft zu, was Lenz Kriss-Rettenbeck, der ehemalige Generaldirektor des Bayerischen Nationalmuseums, einmal zum Ausdruck brachte: »Für die Ausprägung und Weiterführung einer ästhetischen Volkskultur sind die Arbeiten, ja das ganze Leben von Herrn Zellner von unschätzbarem Wert.«

Rund ums Paradeisl

Paradeisl! Schon sein Name ist voll heimeligem Klang. Ein Hauch vom Paradies schwingt mit, aber gerade nur so viel, daß die vier rotbackigen Äpfel, aus denen das echte altbairische Paradeisl gefertigt ist, nichts von ihrer irdischen Heiterkeit verlieren. Drei davon, mit gleich langen Holzstäbchen zu einem Dreieck verbunden, bilden das Fundament. Der vierte ist als Spitze der Pyramide dazu auserkoren, ein Wachslicht zu tragen. Wer es früher einmal ganz nobel geben wollte, steckte auch in jeden der anderen Äpfel ein Kerzlein und schmückte das Paradeisl mit Tannengrün und bunten Bändern. So stand es bei unseren Vorfahren neben dem Fatschenkindl und dem »heiligen Ländlein« im Mittelpunkt der Weihnachtszeit.
Der Siegeszug des Christbaums hat das altvertraute Paradeisl mehr und mehr verdrängt. Aber mit den Gedanken an den tiefen Sinn der Weihnacht, mit dem Wunsch nach mehr Innigkeit und Bescheidenheit feiert es hier und dort wieder selige Urständ.

Was ghört zum Paradeisl?
Vier Äpfi und sechs Spreißl,
ganz Bethlehem mi'm Kindl,
fürs Jüngste warme Windl,
a Nußknacker für d' Nandl,
fürn Franz a Zwetschgenmanndl,
vui Nussn und Maroni
und Stutzerl für den Toni,
a Nacht voll weiße Flockn,
von fernher Mettnglockn,
zur Zither allweil wieder
die oidn Weihnachtslieder ...
Dees is uns oiß beschiedn;
vergelts Good, mir san zfriedn!

Wie dunkel die Nächte sind!
Die Stille ist tiefgründiger als sonst.
Aber sie ist nicht leer
und nicht erstarrt
im Eis der Vereinsamung.
Die Dunkelheit ist wie ein Spiegel,
und die Stille ist wie ein Echo
unserer Erwartung.

Amsellied vor Weihnachten

Eine Amsel sang. Es war ein Föhnabend im späten Advent. Die Amsel sang inmitten der Altstadt. Sie sang, während ringsum alle Kamine giftigen Rauch in die Dämmerung stießen. Sie jubilierte auf einem hochragenden First, während sich tief in den Häuserschluchten endlose Autoschlangen mit nervenzermürbendem Geräusch durch die Straßen schoben.
Die Amsel, so schien es, sang für sich ganz allein; denn niemand achtete und hörte auf sie. Die Menschen, gleichermaßen gebeugt unter der Last des Alltags wie unter dem Gewicht von Taschen und Paketen, waren taub. Sie bewegten sich wie unter einem Zwang. Das Außergewöhnliche erreichte sie nicht mehr, denn die allgegenwärtige Hülle aus Dunst und Lärm hatte ihre Gefühle und ihre Gesichter versteinert. In Ihren Herzen nistete Resignation.
Die Amsel sang. Da blieb eine Frau stehen, stellte ihr schweres Gepäck ab und richtete sich auf. Jetzt hörte sie das Vogellied noch deutlicher. Es war voll kindlicher Einfalt und grenzenlosem Vertrauen. Es war wie eine Offenbarung.

So mag es an der Krippe im Stall zu Bethlehem geklungen haben, empfand die andächtig Lauschende. Sie dachte an das Kind und an die Hirten und an die vertrauten Lieder, die in diesen Tagen um die Welt gehen, Lieder, die gleich den Vogelweisen voll beseligendem Zauber sind.

Die Amsel schwieg, und die kleine lichte Schneise, die sich das Vogellied gebahnt hatte, wurde von den monotonen Geräuschen der Großstadt verschüttet. Da nahm auch die Frau ihr Gepäck wieder auf und beugte sich unter das Joch der Verpflichtungen. Das Vogellied aber hatte sie wundersam verwandelt. Es war ihr, als ob sie für ihr Gemüt eine Heimat gefunden hätte. Und sie lächelte.

Die Christrose blüht

Durch Tage und Nächte fiel Schnee, eine halbe Woche lang. Und dann schlief alle Welt, draußen, zwischen Zaun und Wald. Die Stille glänzte voll heiliger Erwartung: Es weihnachtete.
Dann aber war eines Morgens die Luft weitsichtig. Fremde Töne reisten mit dem Wind. Es roch nach warmer, lebendiger Erde. Der Föhn fiel ein, und ein Hauch von Wärme ging übers Land. Nackt und schwarz standen die Bäume. Von ihren Stämmen wich der Winter zurück. Feucht schimmerte der Waldboden. Und hier, wo der Schnee etliche Schritte fortgeschmolzen war, öffnete sich eine geheime Erdkammer. Ein Knospenhut spitzte heraus, einen Krähensprung daneben ein zweiter. Langsam hoben sie sich in die Dämmerung des Winterwaldes.
Ein Lebenswille ohnegleichen erfüllt die Pflanzen, eine urtümliche Kraft läßt sie sich regen und recken. Darüber vergessen sie schließlich, daß es nicht mehr von den Bäumen tropft, daß der Schnee längst aufgehört hat zu schmelzen und daß aus der Glocke des Winterhimmels große weiße Flocken in die Stille niedergleiten.
Die Christrose beginnt sich zu entfalten. Das Geheimnis des Lebens breitet die Arme, und die Melodie des Werdens erfüllt das einsame Pflanzenwesen. Nun blüht die Christrose. Weiß, von einem zarten rosa Schimmer überhaucht, leuchten ihre Blütenblätter.
Was kümmert es sie in der Freude des Seins, daß es nachts immer dichter schneit und daß am Morgen der Frost die Schneekruste erstarren läßt! Sie ist die Wärme, ist das Leben selbst. Schnee und Eis decken sie zu. Da haucht sie den Schnee an, und er gibt ihr Raum. Ein inniges Leuchten erfüllt ihr Sterngesicht. Ein Wissen um das Geheimnis der Allmacht geht von ihr aus: Einmal wird die Sonne wieder Macht haben, einmal wird das Licht wieder triumphieren.

Wer jemals die Christrose im Schnee des Bergwaldes erlebte, dem ist sie als ein Wunder erschienen.
Schon in der Frühzeit des Christentums rückte man diese blühende Offenbarung in die Nähe des einzigartigen Wundergeschehens der Winternacht, nämlich in den Umkreis der Geburt Christi.
So alt, wie die Legenden um Maria und Joseph sind, so alt sind auch die um die Christrose: Sie erblühte zum ersten Mal, als die Füße der Gottesmutter müde durch den Schnee stapften; eine blühende Spur führte in den Stall vor den Toren Bethlehems. Und Hirten, so erzählte man sich, haben mit ihren Gaben dem Jesuskind auch einen kleinen Strauß der kurzstieligen Christrose, als besonderes Zeichen ihrer Verehrung, in die Krippe gelegt.
Der Sage nach tut sich die Christrose in der Weihnachtsnacht auf. Und wem zu dieser Zeit das Glück zuteil wird, ihre Blüte zu finden, dem mag das kommende Jahr ein Garten des Glücks sein, in dem er der Gärtner ist.
Gewiß gibt es berühmtere und attraktivere Blüten als die der Christrose. Keine aber kommt ihr an Innigkeit gleich. Sie ist in der dämmrigen, frostgebundenen Zeit das Sinnbild des nie versiegenden, nie verzagenden Lebens.

Gespräch mit meinem Weihnachtskaktus

Mitunter geschieht es, daß uns gerade jene Dinge, die weder Mühe noch Kosten verursachen, eine besondere Freude bescheren.
Mein Weihnachtskaktus ist ein Beispiel dieser Art. Ich fand ihn eines Tages in der Mülltonne bei uns auf dem Hof. Oder sollte ich nicht vielleicht treffender sagen: er fand mich? Aber wie wurde ich auf ihn aufmerksam?
Daß Pflanzen sich auf eine übersinnliche Art mitteilen können, ist ja längst kein Geheimnis mehr. Zwar wurde ich nicht von einer Stimme beeinflußt. Eher möchte ich es als eine merkwürdige Schwingung bezeichnen, die mir zu verstehen gab: »Bitte, erlöse mich vom sicheren Verderben, nimm mich in deine Obhut!«
Ich muß gestehen, daß mich diese Bitte einerseits bewegte, andererseits aber zögerte ich vor dem Griff in den Abfallbehälter, bis ich doch anschließend die Scheu überwand. Behutsam nahm ich die Pflanze unter meine Fittiche und trug sie nach Hause.
Unansehnlich runzelig und blaß war sie, und nichts schien darauf hinzudeuten, daß sie je gesunden, ja vielleicht einmal blühen würde. Und wieder war es mir, als ob ich auf meine vom Zweifel befallenen Gedanken eine klare Information vernommen hätte.
»Wie ein Stiefkind wurde ich behandelt; zu lange war ich Menschen ausgeliefert, die mir keine Chance mehr gaben, mein wahres Wesen zur Entfaltung zu bringen . . .«
Ich verstand die Klage der Pflanze und verschaffte ihr ein würdiges Plätzchen auf der Fensterbank und natürlich auch das wenige, das sie an materieller Zuwendung benötigte.
Kein Tag verging, an dem ich nicht wenigstens einmal mit ihr Zwiegespräch gehalten und ihr Mut zugesprochen hätte. Und so war die Freude groß, als ich bereits nach wenigen Wochen an den

Blattenden hoffnungsvolle Zeichen entdeckte. Leicht verständlich, daß fortan meine Aufmerksamkeit sich steigerte und meine Zuneigung wuchs, je zahlreicher die fein geschuppten zartrosa Knospen meines Wohnungsgenossen sich zeigten.
Lang waren inzwischen die Nächte geworden. Frost und Schnee hatten die Welt draußen verwandelt. Aber in der Geborgenheit des Hauses begannen an meinem Weihnachtskaktus nach und nach die Knospen sich zu entfalten. Täglich erlebte ich, wie Pracht und Fülle sich steigerten – wie die Blüten im Verlaufe von Wochen zu leuchtenden Kaskaden wurden, die den ganzen Stock zum Erglühen brachten. Und nicht schwer war es, diese Botschaft zu verstehen: »Freue dich, es weihnachtet!«
Soweit diese kleine Geschichte, die ich mir von der Seele schreiben mußte, um auch andere an diesem vorweihnachtlichen Erlebnis teilhaben zu lassen. Denn was wäre alle Freude, wenn wir sie nicht an Gleichgesinnte weitergeben könnten!

Mein Weihnachtsapfelbaum

Unter den Obstbäumen in meinem stadtfernen Garten genießt einer meine ganz besondere Zuneigung. Es ist mein Weihnachtsapfelbaum. Ich nenne ihn so wegen seiner Früchte, die klein, rund und rotbackig sind wie die Christbaumäpfelchen meiner weit zurückliegenden Kindheit.
Heute würde man in den Fruchtläden vergeblich nach solchen unscheinbaren, makelhaften Zwergäpfeln suchen. Längst sind sie von tadellosen, herrlich anzuschauenden Sorten verdrängt worden und somit in Vergessenheit geraten. Ich aber habe allen Grund, mich ihrer zu erinnern. Wenn ich sie Ende Oktober ernte, weiß ich, daß sie mir, dank ihrer hervorragenden Haltbarkeit, viele Wochen, ja, den ganzen Winter lang Freude schenken werden. Tagtäglich führe ich mir wenigstens zwei, drei dieser Trostspender zu Gemüte. Und immer entspricht es einem kleinen sakralen Akt, sie mundgerecht zuzubereiten. Das Fruchtfleisch zeigt sich fest, aber keinesfalls trocken. Und es ist ein bißchen säuerlich. Kurzum, es schmeckt ganz herzhaft nach Apfel, was man von vielen in den Läden angebotenen, äußerlich so makellos schönen Exemplaren nicht immer behaupten kann.
Und während ich mich im Winter, fern meinem ländlichen Refugium, dem Genuß der zwar optisch durchaus nicht tadellosen, aber dafür von chemischen Einflüssen unbelasteten Früchte widme, ist es mir, als schaute mir der Weihnachtsapfelbaum kameradschaftlich über die Schulter.
Nein, er stand nicht von allem Beginn an unweit des Seerosenteiches. Denn unwissend, wie ich seinerzeit war, hatte ich ihn vor rund drei Jahrzehnten über einer Wasserader gepflanzt und mich gewundert, daß er trotz aller Fürsorge nicht gedeihen wollte. Erst als mich eine Wünschelrutengängerin auf den Grund des Versagens aufmerksam gemacht hatte und ein von allen störenden Einflüssen freies Plätzchen gefunden war, gedieh das Bäumlein schnell und prächtig.

Nicht daß es seither von Kümmernissen verschont geblieben wäre! Die verheerenden Stürme vergangener Jahre haben einige hohe Bäume des Nachbarwaldes entwurzelt, und der Wipfel einer stürzenden Fichte fiel so unglücklich, daß er einen der Seitenäste meines Apfelbäumchens wie ein Fallbeil vom Stamm trennte. Auch das schlimme Unwetter des vergangenen Vorsommers hat seine Spuren – vor allem an den Früchten – hinterlassen. Doch selbst diese durch taubeneigroße Hagelschloßen verursachten Wunden sind im Laufe des Sommers wieder vernarbt. Sichtbar vernarbt –, was zwar ihrem Aussehen, nicht aber der Güte geschadet hat.

Während ich bedächtigen Sinnes die Apfelscheibchen esse, schaue ich vom warmen Wohnzimmer hinaus auf die verschneiten Dächer und auf die mit dickem Rauhreif verbrämten Bäume vor meinem Fenster. Und es bedarf gar keiner großen Vorstellungskraft, um in den vom Frost so üppig geschmückten Ästen vollendete Blütenkreationen zu sehen, die sich vor der tiefen Bläue des Himmels zu einer überwältigenden Offenbarung manifestieren. Und mit einem Mal sieht mein geistiges Auge, Monate vorausschauend, das Weihnachtsapfelbäumlein in seinem vollen Maienflor. Bienen und Hummeln umschwärmen es, und auch die Fuchsfalter und Pfauenaugen laben sich in den vielen Hundert rosaroten Oasen...

Das Läuten der Wohnungsglocke reißt mich jäh aus meinen Träumen. Zwei Kinder sind es, die, als Sammlerinnen für wohltätige Zwecke unterwegs, Einlaß begehren. Gern würde ich den beiden Mädchen neben der Spende auch einige meiner Christbaumäpfel geben. Dazu müßte ich ihnen aber nicht nur von den genügsamen Heiligen Abenden meiner Kindheit erzählen, sondern auch noch die Lebensgeschichte meines Weihnachtsapfelbäumleins. Doch ich glaube, es ist klüger, meine Erinnerungen und Geschichten für mich zu behalten. Denn nach Art der kleinen Schneegänse würden sie dann gewiß nach meinem Exkurs die Köpfe zusammenstecken, um sich belustigt über mich auszuschnattern. Und überdies sind sie selbstverständlich, wie alle jungen Leute, in allerhöchster Eile...

Christbaumverkauf im Wirtsgarten

Im Wirtsgarten »Zur fröhlichen Einkehr« ist wie in jedem Jahr vor Weihnachten Christbaumverkauf. Wo einst unter schattigen Kastanien eilfertige Kellnerinnen schäumende Maßkrüge und Schweinshaxen servierten, liegen jetzt Fichten und Tannen und warten darauf, ausgewählt zu werden. Mit ihnen wartet auch die Wally, die Christbaumfrau, und fragt jeden Kunden treuherzig: »Was darf's denn sei, Herr Doktor? – Soll 's Bäuml groß oder kloa sei, gehört's ins Kinderzimmer oder ins Wohnzimmer?« Und sie wird nicht müde, in dem großen Berg von Christbäumen zu wühlen und die Vorzüge ihrer Ware in höchsten Tönen zu loben.

Nach dem Mittagessen kommt der Onkel Wastl aus dem Altersheim zur Unterstützung der Wally. Er hat das Geschäft schon betrieben, als die Christbäume noch mit dem Pferdefuhrwerk in die Stadt gebracht wurden und man für zwei Markl bereits einen herrlichen Baum bekam.

»Da liegt ja wieder alles wie Kraut und Ruam durcheinander«, brummelt er in seinen Bart. »D' Leut woll'n was seh'n für eahna Geld. Wie lauta Oansa müaß'n d' Baamerl dasteh!« Und er macht sich gemächlich an die Arbeit, ein Bäumerl nach dem andern in provisorischen Holzständern aufzustellen. Schnell vergeht dabei auch ein Viertelstünderl nach dem andern, zumal die Wally auch an eine ausgiebige Brotzeit und an ein Packerl seines Lieblingsschmalzlers gedacht hat.

»Das ist ja der reinste Wald«, meint einer, der aus der Wirtschaft kommt. Und der Onkel Wastl erwidert schlagfertig: »Ja, ja, Herr Nachbar, im Sommer san mir zum Wald kumma, jetzt kummt der Wald zu uns.« Obwohl es der Herr noch gar nicht im Sinn hatte, kauft er ein Bäumchen. »Respekt, Respekt«, lobt Onkel Wastl, »es geht halt nix über a Tanna. Da fällt koa Nadl ab; de hält Eahna, wenn's sei muaß, bis weit nach Mariä Lichtmeß – und ria-

cha tuats . . .« Dabei macht er ein bedeutungsvolles Gesicht wie der Weihnachtsmann aus dem Bilderbuch.
Auch die Wally hat Kunden, mit Verlaub gesagt: zwidere Kunden, die jedes Bäumchen eine kleine Ewigkeit anschauen und nicht eher rasten, bis sie einen Fehler entdeckt haben. »Viele sind berufen, wenige aber auserwählt«, zitiert einer, dessen Frau besonders kritisch ist.
Wenn es die Kundschaft will, setzt Onkel Wastl Zweige ein. Nebenbei gibt er jede gewünschte Auskunft. Die Fichten sind zum Beispiel aus Niederbayern. Die Tannen stammen aus der Gegend vom Brotjacklriegel aus dem Bayerischen Wald. Und zu den Kindern gewendet: »Aus einem Wald, wo sich die Has'n und Fuchs'n gute Nacht sagen und das Christkindl mit einem von Hirschen gezogenen Schlitten durch die tiefverschneiten Wälder fährt.«
An den Stamm einer kahlen Kastanie gelehnt, schon wieder zum Transport bereit, sind die großen Christbäume. Der eine ist für eine Werkskantine vorgesehen, der andere für das Nebenzimmer einer Wirtschaft, wo der Schafkopfverein »Grasober« seine traditionelle Christbaumfeier abhält.
In der Gartenecke, wo auch die Daxen liegen, verstecken sich die Baumzwerge für die Kundschaft mit dem kleinen Geldbeutel. Und aus ihrer Mitte stammen auch die Junggesellen-Christbäume, die, um den engen Zimmern gerecht zu werden, streng nach Maß gekauft werden müssen.
Mit der früh hereinbrechenden Dunkelheit zündet die Christbaumfrau ihre Propangaslampe und der Onkel Wastl ein neues Pfeiferl an. Dann macht er sich, unter jedem Arm einen Christbaum, auf den Weg: »D' Frau Danglmeier muß fei noch zahl'n«, ruft ihm die Wally nach. »Zwölf Markl gradaus macht's!« Und mit einem Kopfnicken verschwindet der Alte in der Nacht.

Auf dem Christkindlmarkt

Die frohe Weihnacht fängt hier an:
mit Tannengrün und Kripperlmoos,
und gleich im Standl nebendran
stehn Zwetschgenmanndln klein und groß.

Vom dunklen Himmel rieselt Schnee.
Die Stadt schaut wie verzaubert aus.
Und von der Kirche in der Näh'
kommt würdevoll Sankt Nikolaus.

Da gibt es Kletzenbrot und Nuß',
Bäumlein mit bunten Kugeln dran. –
Der heil'ge Josef geht zu Fuß
und klopft bei einer Herberg an.

Kalt blast der Böhmerwalder Wind.
Nach Glühwein riecht's und Marzipan. –
Still kniet Maria vor dem Kind,
und Hirten mit den Herden nahn.

Hell strahlt der Markt im Flitterkleid;
die Wunder gehn von Hand zu Hand. –
Schon stehn drei Könige bereit
zur Fahrt ins ferne Heil'ge Land.

Münchner Winternacht

Vom Tal her waht eiskalt der Wind,
die Scheim san vom Eis scho ganz blind.
Am Markt macht a Wachmann sei Rund,
der Hauch wolkt ganz dicht vor seim Mund.
Im Schlaf gurrt no manchmal a Taubn,
De Frauntürm habn schlohweiße Haubn.
Auf Platzln und Straßn is's staad,
der Schnee hat de Weg all verwaht.
Am Stachus zoagt d' Uhr halbadrei,
a Paarl schleicht leis si vorbei.
Im Park drin knackst hoamli a Reis,
jeds einsame Bankl is weiß.

Is's net wia im Bilderbuach grad?
Der Himmi hängt runter auf d' Stadt!

Vier Kerzen am Adventskranz

Am Kranz die erste Kerze brennt:
Rorate – Engelamt – Advent!
Doch kaum bleibt Zeit, sich auszuruhn;
es ist ja noch so viel zu tun . . .

So ziehn die Tage ihre Bahn,
schon zündet man die zweite an
und deutet in die Nacht hinaus:
»Jetzt rüstet sich Sankt Nikolaus!«

Nun brennt das dritte Licht am Kranz.
Auch es verbreitet goldnen Glanz
und weist uns zur Beschaulichkeit,
baut Brücken über Raum und Zeit . . .

Und dann – als Krönung im Advent –
nun auch die vierte Kerze brennt.
Vier Flammen spenden dir nun Licht:
Vergiß den Sinn der Weihnacht nicht!

Eine Lektion für das Christkindl

Als es auf Weihnachten zuging, hatte auch Karli wie alle Kinder zahlreiche Wünsche an das Christkind. Mit seinen vier Jahren hielt er natürlich noch nichts von Buchstaben; er lebte und dachte in Bildern. Längst hatten seine Wünsche Gestalt angenommen. Ein weißes Blatt Papier, ein paar Farbstifte, und schon war er ganz in seinem Element. Manchmal durfte Papa ein wenig assistieren. Aber nicht auf der Originalzeichnung, sondern höchstens auf einem Stück Schmierpapier, von wo aus Karli dann das Gewünschte frei und ungeniert seinem Werk einverleibte.
Waren die Wunschzettel endlich vollendet, mußte sie Mama, damit es ja keinen Irrtum gebe, an das Christkind adressieren. Die Bedenken, die sie wegen der Vielzahl der gewünschten Dinge äußerte, kosteten Karli nur ein ungläubiges Lächeln. Mit dem unschuldigsten Gesicht vertrat er die Meinung, daß das Christkind doch dazu auf die Welt gekommen sei, die Wünsche aller Kinder zu erfüllen.
Eine Weile hingen dann die Bilderbriefe, mit Klammern befestigt, an der Wäscheleine auf dem Balkon, und wer Lust und Phantasie hatte, konnte Karlis Sehnsüchte entschlüsseln. Da baumelte die Lokomotive neben dem Schaukelpferd, der Hampelmann neben dem Segelschiff, die Trompete neben dem Reiterhelm und ein langnasiges Kasperle neben einem Blatt, auf dem es offenbar völlig Nacht war und nur ein kleines Viereck in der Mitte etwas Helligkeit andeutete.
»Das ist ein Marionettentheater«, versuchte Karli zu erklären. Dabei schaute er den Fragenden an, als wollte er sagen: »Jetzt bist du schon so alt und kennst nicht einmal die einfachsten Dinge.«
Eines schönen Morgens Mitte Dezember waren die luftigen Briefe verschwunden. Und nachdem auch nicht einer zurückge-

blieben war, stand es für Karli fest, daß seine Wünsche akzeptiert und gewiß aufs genaueste ausgeführt werden würden.
Schließlich kam der Heilige Abend. Das Glöcklein läutete, und Karli stürzte als erster ins Weihnachtszimmer. Nur einen Augenblick verwirrte ihn die Lichterfülle des Christbaums. Dann aber sah er schon das Schaukelpferd. Helm und Trompete hingen in greifbarer Nähe. Und da lag auch ein stattliches Bilderbuch, das er sich – er wußte es genau – gar nicht gewünscht hatte.
Als besondere Überraschung hatte Mama heuer eine alte bäuerliche Wiege mit einem wächsernen Jesuskind unter dem Christbaum aufgestellt. Karli bemerkte auch gleich, daß das Christkind größer als eine Puppe war – nur nicht so schön . . .
Als die Erwachsenen später den Raum verließen, hatte sich der Bub den Helm aufgesetzt, die Trompete umgehängt und das Buch unter den linken Arm geklemmt. So saß er auf seinem Schaukelpferd. Nachdenklich schaute er eine Weile auf das Wiegenkind nieder. Dabei gingen ihm vielerlei Bilder durch den Sinn: Lokomotive, Marionettentheater, Segelschiff und Hampelmann. Ohne Zweifel, alle diese Dinge, die er sich doch so unmißverständlich gewünscht hatte, fehlten auf dem Gabentisch.
Das Christkind hatte also nicht gefolgt! Kurz entschlossen schwang er sich vom Schaukelpferdsattel und holte es aus der Wiege. »Strafe muß sein«, sagte er streng, wie Papa dies schon öfters zu ihm gesagt hatte, und verbannte das Kindl in die dunkelste Ecke zu seinen Dinos . . .
Als die Eltern bald darauf wieder ins Zimmer kamen, standen sie dieser Situation ratlos gegenüber; denn ihr Sprößling hatte ja nicht nur dem Christkindl, sondern im gewissen Sinne auch ihnen eine Lektion erteilt. Und es war sicherlich das Klügste, sich mit einem Schmunzeln zurückzuziehen.

Wie ich das Weihnachtsglöcklein entdeckte

Das Christkindl, das sich bei unseren Großeltern einstellte, beglückte uns Kinder schon immer am Sonntag vor dem Heiligen Abend. Das war eine liebgewordene Familientradition. Und für meine Schwester und mich bedeutete dies im Hinblick auf das Fest daheim bei unseren Eltern in Neuhausen schon den ersten großen Schritt in die Weihnachtsseligkeit.

Aber als ich dann zur Schule ging, kamen mir doch Bedenken über das Amt des Christkindls. Es war mir nämlich aufgefallen, daß kurz vor der Bescherung die Oma das Zimmer verließ, um das Glöcklein im Weihnachtszimmer zu läuten. Der Opa aber wurde nicht müde, meine Zweifel durch allerlei Einfälle zu zerstreuen. Doch selbst das in der Eile von den himmlischen Heerscharen offengelassene Fenster und eine Locke Engelshaar am Vorhang vermochten mich bald nicht mehr so recht zu überzeugen.

Als dann einmal wieder die Großmutter hinausging, um, wie sie sagte, nach dem Christkindl zu schauen, wähnte ich, daß nun gleich das Übliche geschehen würde. Aber nach einer Weile kam sie zurück, ohne daß das vertraute und so sehnsüchtig erwartete Läuten unseren Tantalusqualen ein Ende bereitet hätte. Scheinbar endlose Sekunden und Minuten verrannen, in denen wir ausnahmsweise so mäuschenstill waren, daß wir das Ticken der alten Küchenuhr wie Lärm empfanden. Und da geschah es, daß unserem Opa, der sich soeben die Pfeife gestopft hatte, die Streichholzschachtel entglitt und zu Boden fiel. Ich bemerkte, daß er sich schneller bückte, als es sonst seine Art war, und daß er dann unverhältnismäßig lange und so, als ob er die Zündholzschachtel erst unter der Ottomane hervorholen müsse, in knieender Haltung hantierte. Und just in jenem Augenblick

ließ das Glöcklein im Weihnachtszimmer seine erlösende Stimme ertönen.
Für einen Augenblick dachte ich über den Zusammenhang zwischen Streichholzschachtel und Glöcklein nach. Dann aber hatte ich Wichtigeres zu tun und eilte den andern voraus, dem Lichterbaum und den Geschenken entgegen. Schon während wir nach altem Brauch die Weihnachtslieder sangen, waren meine Blicke auf der Wanderschaft. Und zu bestaunen gab es fürwahr genug. Da hatte der Opa ein herrliches Kripperl aufgebaut. Mit dem Stall, der Grotte für die Hirten, dem Schafpferch, den Ziehbrunnen und dem von einer kleinen Brücke überspannten Bächlein nahm dieses Wunder die ganze Fläche des Wohnzimmertisches ein und war obendrein von einem typisch bayerischen hölzernen Weidezaun eingefriedet. Nun wußte ich auch, warum der Leimtopf wochenlang auf dem Küchenherd nicht mehr kalt geworden war und warum wir von unserem Herbstausflug nach Grünwald Moos und Baumrinde, Nagelfluhbrocken und Äste mitgebracht hatten.
Noch aber hatte ich nicht alle Geschenke gebührend bewundert. Da fiel das milde Licht der Kerzen auf eine Laubsäge, und gleich daneben stand ein Setzkasten mit einem Alphabet aus Gummibuchstaben, die mich später zum Drucker meiner ersten Gedichte werden ließen. An jenem letzten Sonntag im Advent hatte ich freilich gehörige Mühe, die einfachsten Grundregeln des Setzens zu begreifen, und beinahe hätte ich darüber alles andere vergessen. Doch als mir einmal eine Gummiletter wie ein Floh davonsprang und ich auf meiner Suche unter die Ottomane kroch, erspähte ich sogleich das Ende einer Schnur, die, wie ich ahnte, den einfachen Mechanismus des Glöckleins betätigte, und läutete Sturm, bis man mich am Hosenboden packte und aus meinem Versteck holte.
Großvater schwankte zwischen Ernst und Heiterkeit. Aber als ich ihn ob meiner Entdeckung gar so siegessicher anstrahlte, ging auch über sein Gesicht ein breites Schmunzeln. »Dir kann man halt nix vormachen, du Schlaumeier!« hat er dann gesagt, und es klang eher wie Bewunderung denn wie Tadel.

Der Opa ist längst tot. Sein Kripperl aber lebt noch heute. Und mit ihm lebt auch die Erinnerung an die Tage der Kindheit und an das versteckte Weihnachtsglöcklein, das ich einmal so stürmisch geläutet habe.

Die Mettwurst

Damals, zu Beginn dieses Jahrhunderts, war die Fanny ein zehnjähriges Kind. Der Vater arbeitete als Taglöhner, und sparsam mußte gewirtschaftet werden, sollte es auch für die Geschwister reichen. Nur für das Familienoberhaupt kam Fleisch auf den Tisch. Einmal, es ging schon auf Weihnachten zu, zog der Ruch einer Mettwurst durch die Wohnung und ließ auch das Mädchen begierig den märchenhaften Duft einatmen.
Eine Mettwurst! Gab es etwas Herrlicheres als eine würzige Mettwurst! Galt sie nicht als Inbegriff der weihnachtlichen Festtagsfreude und des lukullischen Genießens? Und jetzt wußte Fanny plötzlich, was sie sich zu Weihnachten wünschte. Alles andere verblaßte. Eine Mettwurst, die ihr ganz, ganz allein gehörte, sollte es sein.
Es war übrigens nicht sicher, ob dieser Wunsch in Erfüllung gehen würde. Wo käme man denn da hin, wenn sich jeder so etwas Teueres und Ausgefallenes einbilden würde! Aber dann war es soweit, und unter dem bescheidenen Christbaum lag wirklich eine Mettwurst. Eine ganze herrliche Mettwurst. Fanny lief im Vorgeschmack dieser Köstlichkeit das Wasser im Mund zusammen. Aber da mußte nach altem Brauch gesungen, gebetet und den Eltern gebührend Dank gesagt werden.
Allzubald wurde es dann für die Kinder Zeit, schlafen zu gehen, während sich die Eltern für die Christnachtsmette rüsteten. Ins Bett zu gehen, ohne die Wurst wenigstens einmal probiert zu haben?! Aber der Heilige Abend war damals noch ein streng befolgter Fastentag. Das bedeutete also, die Erlaubnis zu erwirken, so lange aufbleiben zu dürfen, bis die Glocke Mitternacht geschlagen hatte.
Wie langsam vergingen doch die Viertelstunden! Und wie oft mußte Fanny alle Weihnachtslieder singen und das »Gegrüßet seist du, Maria« beten, bis endlich die zwölf erlösenden Schläge vom Kirchturm erklangen! Schnell also das Messer zur Hand!

Aber in diesem Augenblick durchfuhr es sie wie ein Blitz: Keine ihrer mindestens genauso armen Kameradinnen würde an die Mettwurst glauben. Eine Angeberin würde man sie heißen. Auslachen würde man sie. Nur die *unversehrte* Gabe vermochte zu überzeugen und konnte über jeden Zweifel erhabene Beweiskraft sein. Und so legte Fanny denn tiefseufzend Wurst und Messer beiseite, um sich den schon so lange verschobenen Genuß nun auch noch für den kommenden Tag aufzusparen.

Wenn's schneiberlt

Drau-ßn schnei-berlts so fein, net oa Win- derl waht

drein, falln de Flo-ckerln ganz leis auf jeds A- sterl und Reis. und Reis.

's is a bsondere Zier,
was für d' Augn und fürs Gspür,
daß d' di wundern glei möchst;
denn du bist wia verhext.

Draußn schneiberlts so fein,
und da kanns ganz leicht sein,
daß d' an Englsgsang hörst
und zum Kind wieder werst.

Schlaf ei, mei liabs Kind

Wie wild heut der Wind draußn tuat!
Schlaf ei, du mei Kind, und schlaf guat!
Die Wolkn ham d' Sternl zuadeckt,
der Mond hat si aa scho versteckt.

Dees is a ganz bsondere Stund:
Der Sandmann macht hoamli sei Rund.
Koa Vogerl pfeift heut no a Liad,
selbst d' Puppn und d' Bärn san scho miad.

Mach d' Guckerl schö zua und sei brav,
dann kumma die Engerl im Schlaf.
Sie nehma behutsam dei Hand
und führn di ins himmlische Land.

A Verserl sag i dir noch vor
und gib dir a Busserl aufs Ohr.
Jetzt deck i di zua warm und sacht!
Schlaf ei, mei liabs Kind, guate Nacht!

Engelsbotschaft

Sei drauf bedacht, die laute Welt
mit Stille zu vertauschen.
Versuche nur, dem Kind zu werden gleich.
Dann kann's geschehn,
daß du dem Angelus darfst lauschen,
daß er dich ahnen läßt sein lichtes Reich:

Tief in dir drinnen
fangen Saiten an zu schwingen;
scheint's nicht, als trage dich ein hehrer Geist?
Ein Himmelsbote ist's,
der dir will Kunde bringen
und der dich liebevoll zur Höhe weist.

Doch meist mißlingt es uns,
die Engel zu erspüren;
zu gottfern sind wir und zu irdisch blind.
Sie aber werden niemals müde,
uns zu führen,
die wir auf ewig *ihre* Kinder sind.

Christnacht

Um Mitternacht trat ich voll Staunen vor die Tür; der Himmel strahlte über mir in stiller Pracht, in stiller Pracht.

Zur Ewigkeit
wies aller Sterne ferner Lauf.
Mir schien, sie nähmen sacht mich auf
in ihr Geleit.

Und EINE Macht
hab ich in diesem Glanz erkannt:
Gott hat uns SEINEN Sohn gesandt
zur Heil'gen Nacht.

Spaziergang ins Heilige Land

Zu meinen unvergessenen Kindheitserinnerungen gehört die letzte Religionsstunde vor Weihnachten, wenn der Herr Kaplan sein Legendenbüchlein in der ihm eigenen umständlichen Art aus der Soutane zog. Ein laut vernehmbares freudiges Ah und Oh ging dann durchs Klassenzimmer; denn nun ließ er uns einen Blick ins Heilige Land tun, das uns damals so unerreichbar fern schien, daß man es nur mit den Flügeln der Phantasie erreichen konnte.
Und über eine blühende Phantasie verfügte offenbar auch der Verfasser der heiligen Geschichten, dessen Name ungenannt blieb. Ich denke da vor allem an die Schilderung der Reise des heiligen Paares von Nazareth nach Bethlehem. Wenn ich mich recht entsinne, hat sie etliche Tage gedauert und war wegen des naßkalten Wetters, der schlechten Straßen und Wege und vor allem, weil die Jungfrau Maria ihrer schweren Stunde entgegensah, eine kaum vorstellbare Strapaze. Dennoch, so vernahmen wir andächtig Lauschenden aus dem Munde des Geistlichen, hatte die Mutter Gottes es sich nicht nehmen lassen, wiederholt abzusteigen, um die Eselin in dem bergigen Gelände von der Hauptlast zu befreien.
Diese rührende Erzählung, die auch nicht das geringste Detail unerwähnt ließ, hat mich schon damals tief bewegt und mich nun, in meinen späten Jahren, auf den Gedanken gebracht, wie es wohl wäre, zu Fuß von meiner Heimatstadt ins Heilige Land zu pilgern.
Nun, so abwegig ist dieser Einfall eigentlich gar nicht, wenn man an die Kreuzritter des 12. Jahrhunderts denkt, die damals unter weitaus problematischeren Bedingungen oft noch größere Entfernungen zurückzulegen hatten.
Als passionierter Spaziergänger könnte ich ein tägliches Pensum von mindestens zehn Kilometern anbieten. Und dies, ohne mich auch nur im geringsten zu überfordern.

Welche Route würde ich wählen, und wie lange wäre ich unterwegs, wenn ich die Möglichkeit hätte, alle Tagesleistungen für meinen Plan einzusetzen. Nun, ich habe meiner Phantasie freien Lauf gelassen. Und jeder, der guten Willens ist, mag mein Begleiter sein.

Unsere Reise würde vom heimatlichen Bayern aus über Österreich nach Triest führen. Dann ginge es ein gutes Stück Weges die dalmatinische Küste entlang und quer durch Südosteuropa Richtung Bulgarien. Eines schönen Tages läge dann Istanbul vor uns. Schließlich hieße es, die Türkei von Nord nach Süd zu durchwandern, um nach Syrien zu kommen. Einmal dort angelangt, hätte man das Heilige Land schon in greifbarer Nähe. Und endlich würden wir auch die letzte Strecke bis Bethlehem bewältigen.

Für unser Unternehmen kämen alles in allem wohl über dreieinhalbtausend Kilometer zusammen. Kein Wunder, wenn man zunächst vor dieser gigantisch anmutenden Zahl erschrickt. Dies aber gewiß zu Unrecht; denn in die erwähnten kleinen Tagesetappen aufgeteilt, wäre das Ziel unserer Reise ohne weiteres in einem Jahr bequem zu erreichen.

Wem mein Vorschlag aber möglicherweise gar zu illusionär erscheint, der mag ihn dennoch wenigstens eines Gedankenspieles für würdig erachten – ja, und umweltfreundlich wäre er obendrein!

Wie wär's also mit einem Spaziergang ins Heilige Land?

Vor 2000 Jahren ...
Gedanken zum unbekannten Geburtstag des Erlösers

Wenn wir alljährlich am 24. Dezember die Geburt Christi feiern, denkt in der Hochstimmung der Festtagsfreude kaum einer daran, daß dieses vertraute Datum allein der missionarischen Klugheit früherer Kirchenväter zu verdanken ist. Denn könnte es wohl eine würdigere Zeit für das freudigste Fest der Christenheit geben als die der Wintersonnenwende?!
Freilich, vom wissenschaftlichen Standpunkt aus gesehen, haben alle im Zusammenhang mit dem Heilsgeschehen festgelegten Daten zu Widersprüchen und Irritationen geführt. Namhafte Historiker versuchten deshalb glaubwürdig nachzuweisen, daß Christi Geburt im Spätherbst des Jahres sieben vor der neuen Zeitrechnung erfolgt sei. Aber auch sie sind nicht in der Lage, die allzu dürftigen Informationen der Bibel befriedigend zu ergänzen.
So wird es sicherlich verständlich, wenn mancher Leser glaubt, in der umfangreichen mystischen Literatur das Gesuchte zu finden. Vergleicht er jedoch die verschiedenen Schriften, bringen sie eher Verwirrung als Klarheit.
Clemens Brentano war es, der die Kundgaben der stigmatisierten Nonne Anna Katharina Emmerick in den Jahren 1819 bis 1822 aufgezeichnet und später unter dem Titel »Leben der heiligen Jungfrau Maria« herausgegeben hat. Nach diesen wundersamen Schilderungen erfolgte an einem Sabbath, dem 24. November, um Mitternacht die Geburt des Gottessohnes. Wir erfahren ferner, daß der Himmel über Bethlehem einen trüben, rötlichen Schimmer hatte und über dem Tal der Hirten ein glänzender Taunebel lag.
Schließlich greift man noch nach den von Johannes Steiner veröffentlichten »Visionen der Therese Neumann«, der 1962 verstorbenen Resl von Konnersreuth. Ihre zutiefst bewegenden Schau-

ungen richten sich streng nach dem Kalendarium, also nach dem Verzeichnis der kirchlichen Fest- und Gedenktage. Von der Heiligen Nacht berichtet sie in der ihr gemäßen Mundart nur, daß es recht kalt war und mit der Geburt des Kindes der Himmel sternenklar wurde.

Kurioserweise gibt es bereits seit dem Jahr 1730 auf einem Grabstein an der Perlacher Michaelskirche im Münchner Osten eine recht merkwürdige Inschrift. Sie besagt, daß der in die Ewigkeit eingegangene Johan Baul Dägn »den 25. Sept. an der Heilige Christnacht« entschlafen sei. Und dieses Datum kommt immerhin jenem Tag ziemlich nahe, den der britische Sternforscher David Hughes unlängst ermittelte, nämlich dem 15. September. Hingegen glaubt der Prager Astronom Josef Sturm seit 1991 unerschütterlich daran, was er nach fünfjährigen Berechnungen mühsam erarbeitet hat. Für ihn kommt nur der 22. November als Erscheinungstag des Herrn in Frage.

Gewiß werden noch weitere umstrittene Daten auftauchen, wenn es gilt, diesen weltbewegenden Tag zu erforschen. Für den gläubigen Christen kommt es aber nicht so sehr auf das Wann an, sondern allein auf das göttliche Ereignis der Geburt des Erlösers.

In dir ist Bethlehem

Erinnerungen reichen dir die Hand.
Du kannst geheime Zeichen lesen.
Im Schreiten tut sich auf ein stilles Land,
und was dir fremd war, wird dir wohlbekannt;
du wähnst, es wäre immer so gewesen.

Du folgst den Hirten und du siehst den Stern.
Zur sel'gen Einkehr runden sich die Stunden.
Dir wird zur Nähe, was dereinst so fern,
du beugst dein Haupt, dein Knie so gern
und fühlst dich mit dem Heil verbunden.

In dir ist Bethlehem, der Stall, das Kind.
Die Hoffnung birgt das Licht der Zeiten,
sie blüht in Nacht, in Eis und Wind,
sie weiß, wie heilsam Träume sind,
und trägt den Hauch von Ewigkeiten.

Vor der Krippe

Sacht webt das Gold der Weihnachtslichter
der Krippe ihren Zauberschein,
und kindlich strahlende Gesichter
schaun in das Heil'ge Land hinein.

Es ist ein Land der blauen Weiten,
wo Herden weiden, Hirten sind.
Nah sieht man Engel niedergleiten,
die Kunde bringen von dem Kind.

Hell liegt der Stall bei dunklen Bäumen,
vom Wunder der Geburt bedacht,
und hält noch in den Kinderträumen
die Pforten auf zur Heil'gen Nacht.

Christkindls Geburt
Ein bayerisches Krippenspiel

Ort der Handlung: Im bayerischen Gebirge

Personen: Die Heilige Familie. Maria und Josef sprechen eine gemäßigte, gut verständliche bayerische Mundart
Herbergswirt. Ein behäbiger Mann
Hausl. Knecht des Vorgenannten

Friedl. Hirtenältester, mit weißem Vollbart
Hansl. Hirte mittleren Alters, mit dunklem Kinnbart
Dammerl. Junger Hirte, bartlos
Fünf weitere Hirten.
Alle acht Hirten sind nach landesüblicher Schäferart gekleidet. Einige halten bei ihrem Auftritt übermannshohe Haselstecken in den Händen. Alle sprechen bäuerlichen Dialekt.

Lichter Mann. Engelserscheinung, ohne Flügel.
Teufel, Sparifankerl. Erscheint in der kleinen, buckeligen Gestalt des Kohlenbrenner-Xavers

Sprecherin oder Sprecher
Kinder- oder Kirchenchor
Musikanten mit Harfe, Zither, Gitarre bzw. Blasinstrumenten

(Zur Einstimmung: Soloharfe oder Gesang)

Sprecherin: Josef und Maria mußten mit ihrer Eselin eine lange und beschwerliche Reise auf sich nehmen, um von Nazareth nach Bethlehem zu kommen. Es war kalt und regnerisch. Auf den Bergen lag Schnee. An einem frühen Abend erreichen sie endlich Bethlehem. Dort ließen sie sich, dem Befehl des römischen Kaisers Augustus gehorchend, registrieren. Wegen des großen Andranges war in keiner der Herbergen mehr ein Platz frei. Aber Josef versuchte es immer wieder, eine Unterkunft zu finden.

Erste Szene
Josef und Maria auf Herbergsuche
(Vor einem mäßig beleuchteten Gasthaus)

Josef:
Komm, Maria, nur schön langsam! Halt dich gut ein bei mir, daß du mir nicht fällst! – Da, auf dem Bankerl rast ein bisserl. Ich probier's hier noch einmal.

Maria:
Ich glaub, Josef, höchste Zeit wirds, daß wir was finden. Das Kindl rührt sich schon, als obs bald kommen möcht.

Josef:
Mög uns der Herrgott gnädig sein. (Er klopft an und entdeckt jetzt erst das Schild mit der Schrift »Alles belegt«, und wendet sich resigniert zu Maria um.) O mei, Maria! Da steht ja großmächtig, daß s' keinen Platz mehr habn. Aber anklopft hab ich jetzt schon einmal. Vielleicht hat der Wirt Mitleid mit uns – mit dir . . .

Hausl:
(Er öffnet geräuschvoll die Türe und fährt Josef unwirsch an, wobei das einfältige, etwas beschränkte Wesen des Burschen hervortritt.) Was wollts denn? – Könnts denn net lesen!!! – Koan Platz habn ma mehr! Bis unters Dach san ma voll! – Im Flöz liegns rum, daß ma drübersteign muaß . . .

Josef:
Aber in der Gaststubn könnten wir vielleicht doch noch ein Platzerl zum Aufwärmen findn. Wir wolln ja nichts umsonst! – Hab doch ein bisserl Derbarmen mit meinem Weib!

Maria:
(Sie ist inzwischen aufgestanden und zeigt sich bittend in ihrer gesegneten Gestalt.) Der Herrgott täts dir bestimmt lohnen, wenn . . .

Hausl:
(Ihr das Wort abschneidend) Dees hab i heut scho mindestens zehnmal ghört – und außerdem san mir net eingricht fürs Kinderkriagn. – Ja, was fallt euch denn net ei! Schaugts nur jetzt, daß's weiterkummts, bevor i hanti wer!!!

Herbergswirt:
(Aus der Tür tretend) Was is denn das für a Ramasuri? – Man könnt ja gleich moana . . .

Hausl:
(Dem Wirt ins Wort fallend) Is doch wahr aa, wenn unseroans eh nimmer woaß, wo oam da Kopf steht!

Herbergswirt:
Staad bist! Siehgst doch, daß dees koane Haderlumpn san, sondern guate Leut! (An Josef und Maria gewandt) Wo kummts denn her, ihr zwoa, oder sollt ma scho sagn: ihr drei? (Lacht verständnisvoll)

Josef:
In Nazareth sind wir daheim.

Herbergswirt:
Dees is ja aa net grad der nächste Weg, noch dazu für des junge Frauerl – in dem Zustand . . .

Josef:
Hast recht. Drum hab ich ja auch gemeint, sie soll lieber daheimbleibn. Aber sie wollt mich nicht allein lassn.

Herbergswirt:
I woaß scho, wenn sich d' Weiberleut was in' Kopf gsetzt habn, dann beißt unseroans auf Granit.

Maria:
Ihr Männer versteht das nicht. Manchmal ist in uns eine innere Stimme, und auf die müssn wir hörn, ob wir wolln oder nicht.

Herbergswirt:
Und oiß zwengs dem Augustus! (Leise, hinter vorgehaltener Hand) Dem narrischn Kaiser. Der hetzt die Leut umanand, grad daß ers schikaniern und daß er sei Macht zoagn ko! Höchste Zeit waars, daß oana kaam, der die Römer an Morus lernt und eahna zoagt, wo der Bartl an Most holt!

Hausl:
(Einfältig erregt) Mit der Goaßl außitreibn sollt ma s', de Leutschinder, die hundsheiternen! Und laffa müaßatn s', daß eahnene Sandaln verliern!

Herbergswirt:
(Dem Hausl den Mund zuhaltend) Konnst net no lauter plärrn, du Narr! Willst wohl, daß s' uns allesamt einkastln!

Josef:
(Traurig sich zum Gehen wendend) Dann müssn wir halt woanders schauen, daß wir ein Platzerl und ein Dach überm Kopf finden.

Maria:
Ich mein, Josef, viel Zeit bleibt uns nimmer . . . Schleunen wir

uns halt, daß wir weiterkommen, ehe's zu spät ist. (Sie nimmt Josef beim Arm, und er stützt sie.)

Josef:
(Zum Wirt gewandt) Dann danken wir dir halt schön für deinen guten Willen, und sei uns nicht gram, daß wir bei dir anklopft habn. In der Not probiert man halt alles. Aber der Himmel wirds zu guter Letzt schon noch recht machen. – Also, pfüat dich Gott, Wirt!

Herbergswirt:
(Dem plötzlich die Erleuchtung kommt, eilt den beiden nach) Halts ein! Habts Derweil! Da fallt mir ja grad was ein! Draußn, vor der Stadt, hab i an Schafstall. Da is 's vom Tor aus bloß noch a paar Minutn zum Gehn. Da habts dann a Dach überm Kopf, und da könnt ihrs euch bequem machn, denn was anders findts heut nimmer – hab ich doch die letzte Herberg, eh's wieder außi geht aufs Land . . .

Josef:
(Aufhorchend und Hoffnung fassend) Das wär freilich eine Rettung in höchster Not. Wenns nur nicht zu weit ist, daß mirs noch derkraftn!

Herbergswirt:
(Gestikulierend) Was sag i denn: Schwache zehn Minutn is's höchstens! Gleich nachm Tor geht rechts a Steigerl von der Straß weg, und da sehgts dann schon an Felsn. Und akkurat an dem is mei Schafstall hinbaut.

Hausl:
(Auf vorlaute Art dazwischenredend) Erst gestern hab i as Dach abdicht'; sonst hätts nämli genauso guat aa glei im Freien bleibn könna. Aber aufraama müaßts natürli scho selber!

Herbergswirt:
No ja, Hausl, dees wissn die guatn Leut ja scho selber, was z'toa is, daß sie's dort so leidli bequem habn. – – – Und jetzt schaugts nur, daß's weiterkummts und an Weg findts. A Latern habts ja,

wia i siehg. Diesell könnts scho braucha bei dera Finsternis! – Pfüa Good also, und kommts guat hi, und aa am junga Frauerl oiß Guate!

Josef:
I dank dir von ganzem Herzen, Wirt, daß d' uns weitergeholfen hast!

Maria:
Vergelts dir Gott tausendmal. Jetzt glaub ich, wird doch noch alles recht.
(Beide wenden sich zum Gehen, auch der Wirt tritt ins Haus zurück, nur der Hausl bleibt noch auf der Treppe stehen.)

Hausl:
(Kopfschüttelnd und sich hinter dem Ohr kratzend) Guate Leut sans, hat der Wirt gsagt. Guate Leut . . . Hätt eahna doch leicht an Weg zoagn könna – für a netts Trinkgeld – versteht sich!

Zweite Szene
Die Nacht bei den Hirten

(In einer gebirgigen Landschaft befindet sich das offene, nur notdürftig überdachte Lager der Hirten, in dem sich fünf schlafende Männer aufhalten. Zwei weitere stehen im Vordergrund. Ihre Namen sind Hansl und Dammerl. Ein dritter Hirte namens Friedl kommt aufgeregt und eiligen Schrittes aus der Dunkelheit auf seine beiden Kameraden zu.)

Friedl:
(Der Älteste mit weißem Vollbart) I woaß net, was die Schaf heut habn!

Hansl:
(Ein Mann mittleren Alters mit schwarzem Bart) No, Friedl, was werdns denn scho habn? – Hunger halt!

Friedl:
Na, na – dees ganz gwiß net! Z'fressn habns heut gnua ghabt! – Dees scheint mir, is ganz was anders . . . Wia wenns auf was luusn taatn. Grad aso kummts mir vür!

Hansl:
Werd wohl net gar a Wolf oder vielleicht gar der Bär in der Näh sei! Hat net der Kohlnbrenner-Xaver unlängst verzählt, daß bei die Österreicher drübn der Bär a Stuckera drei, vier Schaf grissn hat?!

Dammerl:
(Der jüngste von den drei Schäfern, spottend) Geh, was d' net sagst! Laßts euch doch von dem altn Ruaßkater koan Bärn aufbindn; der verzählt vui, wenns ihm langweilig is!

Friedl:
Na, Dammerl, der Hansl hat scho recht. Des mit'm Bärn hat mei Schwager, der Moosbauer-Simmerl, aa verzählt. Dem sein Bruada is nämli die Gschicht passiert. Drei Muattaschaf und an vierjährign Bock hat der Bär aufgarbat, und gsehng is er aa von de Leut wordn, wia er über d' Straß glaffa is.

Dammerl:
I glaabs einfach net! – Woaß Good, was d' Leut gsehng habn! In der Nacht schaugn leicht alle Viecher wia Bärn aus. – – – Aber selbst wenns stimma taat, wia kaam denn der Bär dann zu uns umi?!

Hansl:
O mei, du ungläubiger Dammerl, dees is doch für eahm koa Problem. So a Bär macht doch in oana Nacht bequem seine zwanzg, dreißg Kilometer. Der kunnt also scho längst in unserm Revier sei.

Friedl:
(Der nachdenklich und schweigend zugehört hat) Naa, Manner, i sags euch, dees is heut nacht ganz was anders. Die Schaf

schnuffln so seltsam in d' Höh ... Und aa der Rexi, unser Hund, hat mi ogwinslt und mir oa ums andere Mal sei Pfoterl gebn.

Dammerl:
(Ungerührt) Ja mei, an Föhn werdn s' halt spanna. Da brauch i koane Schaf und koan Hund; i gspürn scho seit gestern. (Er verzieht sein Gesicht zu einer Grimasse und bewegt auffällig seine linke Schulter.)

Hansl:
Beim Dammerl konnst sagn, was d' magst. Der findt für oiß a ganz »natürliche« Erklärung. (Direkt an diesen gewandt) I glaab, da kunnt a Engl selber kumma, dann tätst du allerweil no moana, mia treibn an Schabernack mit dir.

Dammerl:
Is ja wahr aa! Die dumma Leut sterbn net aus, und mit die sogenanntn Wunder werd as beste Gschäft gmacht.

(Pause, in der man nur das Blöken der Schafe hört.)

Friedl:
Jetzt glaab i glei gar, ihr kummts no ins Streitn aa. Als ob ma net andere Sorgn grad gnua hättn! --- Schaugts nur grad in Himmi nauf! Ihr habts gar net gspannt, daß as Nassln aufghört hat! D' Stern siehgt ma, alle Stern, dees gibt, die großn und die kloana! Und grad so nah kummas mir vür, als brauchat i grad aufn nächstn Berg steign, dann kunnt i s' derlanga!

Dammerl:
Du hättst besser a Dichter werdn solln wia a Hirt ...

Friedl:
Auf dees kimmts net o, was oana is, mei liaba Dammerl, ob a Schafhüata oder a Dichterling! Auf oans alloa kummts o – was ma inwendig gspürt. (Er klopft mit seiner rechten Hand auf die Brust.) Grad da drinna muaß mas gspürn ... Wia a Musi is dees – so hoamli – so leis – wia gar net von dera finstern Welt ...

(Inmitten des Blickfeldes erscheint jetzt auf einem kleinen Hügel, der bisher im Dunkeln lag, eine flügellose Lichtgestalt in blendendem Weiß. Auch die in der offenen Hütte lagernden Hirten schrecken auf. Alle halten, um das grelle Licht abzuschirmen, ihre Hände über die Augen. Während sie ängstlich zusammenrücken, lauschen sie gebannt den Worten des Engels.)

Engel des Herrn:
Habt keine Angst, ihr Männer! Ihr seid die allerersten, denen ich eine ganz große Freude verkündige: Zur Stund ist der Retter geboren, der von Gott gesandte Messias und Herr, der Erlöser für euch und die ganze Welt. Nur ein halbes Stündlein auf Bethlehem zu müßt ihr gehn, und ich sag es euch auch, wie ihr das Kindlein findet: In einer Krippe im Schafstall von euerm Brotherrn liegts, und einlassen tut euch ein braver Mann. – – – Gott ist mit euch, und Frieden sei allen Menschen auf Erden, die guten Willens sind.

(Während der Engel allmählich in der Dunkelheit verschwindet, ertönt ein vielstimmiges Gloria, dem alle kniend mit gefalteten Händen und mit zum Himmel erhobenen Blicken andächtig lauschen, bis es verklingt.)

Dammerl:
(Als erster verwundert das Wort findend) Jetzt woaß i net, traam i, oder hat mi die Luz verhext?! Der hat ja direkt hergschaugt wia a Engl, obwohl's doch allaweil hoaßt, daß's koane Engl net gibt. Flügl hab i jedenfalls koa gsehng! Dann konn's aa koa Engl gwesn sei, oder? (Blickt fragend und Zustimmung heischend in die Runde der Hirten, die sich jetzt aber um den Friedl scharen.)

Friedl:
Dees konnst haltn, wias d' magst. Mir gehnga jedenfalls, und du, Dammerl, dich zwingt ja koana zum Mitgeh, wennst . . .

Dammerl:
(Dem Friedl ins Wort fallend) Oana muaß ja schließli auf die Schaf aufpassn, wenn ihr scho euer Vergnügn habn wollts!

Friedl:
Um unsere Herdn is ma net bang, wenn uns der Herrgott selber a Zeichn gebn und extra an Engl gschickt hat.

Hansl:
Genauso siehg i dees aa. Und net umasunst habn ma ja unsere Schäferhund. Auf die war no allaweil Verlaß!

Friedl:
Aber mitbringa müaß ma scho aa was! Viel habn ma zwar selber net. Aber a bißl was kratz ma scho zsamm. Mi selber soll mei liabsts Bäzerl net reun, wenn i dem Kindl und seine Leut a Freud macha ko.

(Die Männer eilen nun in die Hütte, um alsbald mit den verschiedensten kleinen Geschenken, die sie zum Teil in karierte Tücher geknotet und an ihren Stecken befestigt haben, wiederzukommen.)

Friedl:
(Prüfend und wohlwollend die Schar musternd, winkt zum Aufbruch.) Also, Manner, pack mas, auf gehts nach Bethlehem!

(Eine kleine Weile bleibt die Bühne leer, bis die Schritte der Hirten verklungen sind. Zögernd erscheint jetzt Dammerl.)

Dammerl:
Furt san s'! Jetzt woaß i net, soll i eahna nachlaffa oder soll i bleibn?! O mei, o mei – wenn mas halt gwiß wissat! Net daß wieder bloß oana a Zauberkunststückl gmacht hat. Es soll ja Leut gebn, die lassn ganze Wägn samt de Pferdln verschwindn und zauberns dann so mir nix, dir nix wieder oafach her. – No ja, wers glaabt! – – – Aber oans kannt i ja no probiern: I ruaf oafach nach dem liachtn Mo. Wann er kimmt, red i mit eahm – und dann werd i scho sehng, wias weitergeht.

Dammerl:
(Beide Hände wie einen Trichter vor dem Mund) Hallo, hallo – liachta Mo! – Hallo, liachta Mo – Kumm scho – hallo – hallo!!!

(Hinter dem Hügel, gespenstisch hervorschleichend, erscheint ein dunkel gekleidetes Wesen in einem fahlen, rötlichen Licht. Es ist der Sparifankerl, der die Gestalt des Kohlenbrenner-Xaver angenommen hat.)

Sparifankerl:
Was plärrst denn gar aso? Du weckst ja alle Schaf auf!

Dammerl:
(Sich verlegen hinter dem Ohr kratzend) Ja, Kohlenbrenner-Xare, wo kummst denn du her – mittn in der Nacht?! Jetzt hätts d' mi beinah derschreckt!

Sparifankerl:
Ja mei, wenn scho der liachte Mo net kimmt, hab i mir denkt, könnt i dir vielleicht helfa? – Oder net? (Reibt sich auf teuflische Art die Hände)

Dammerl:
(Erstaunt und verwirrt) Du, Xare, du alter Ruaßkater? – I woaß net, a weng gspaßig kummst ma heut scho vür! (Er versucht, die dunkle Gestalt näher in Augenschein zu nehmen, aber diese versteht es geschickt, sich durch groteske Wendungen und durch den tief in die Stirne gezogenen Hut den Blicken Dammerls zu entziehen.)

Sparifankerl:
(Listig ablenkend) Ja mei, Dammerl, ma is net jeden Tag gleich, und seit i nimmer zum Baderwaschl kumma bin, san d' Haar und is der Bart bsonders narrisch gwachsn.

Dammerl:
Und jetza schaugst aus wia der Sparifankerl höchstpersönlich!

Sparifankerl:
(Hintersinnig) Ja woaßt, Dammerl, wenn ausgerechnet oana wia du nachm liachtn Mo schreit, probiert halt leicht der Sparifankerl aa sei Glück. – – – Doch Gspaß beiseit! Was gibts, um was gehts denn, Dammerl?

Dammerl:
Was taatst jetza du sagn, wennst hörst, daß im Schafstall vom Greindlbauern, unserm Brotherrn, der Messias, der Retter von unserm Volk und der ganzn Menschheit auf d' Welt kumma is?!

Sparifankerl:
(Heuchlerisch, sich weiter die Hände reibend) Geh, was d' net sagst! Ausgerechnet z'Bethlehem, dem windigsten Nest weit und breit. Und in am Schafstall? – Heut nacht, sagst? – Der Messias? Und akkurat in unserer Gmoa?

Dammerl:
Akkurat heut nacht, hoaßts!

Sparifankerl:
Geh, daß's mi net no glei zreißt vor Lacha! Du damischer Depp, du damischer! Brauchst ma bloß no sagn, daß dir dees der »liachte Mo« verzählt hat?!

Dammerl:
(Kleinlaut) Woher woaßt denn du dees? Is er dir wohl aa in d' Quer kumma?

Sparifankerl:
In die Quer kumma oder net! Solchane Schwindler treibn sich doch jetzt grad gnua rum im Gäu! Und die Dumma wartn ja bloß drauf, daß eahnane *Wunder* erlebn, daß s' hint und vorn ausgschmiert – bschissn – werdn!

Dammerl:
Aber wia stelln dees nacha die Schwindler o, daß eahna so gscheite Manner wia unser Friedl aufn Leim genga?

Sparifankerl:
Nix oafacha ois dees! Mit a paar starke Scheinwerfer und a bißl an Hokuspokus konnst heut (betont hochdeutsch und artikuliert) »Effekte und Stimmungen erzeugen«, daß d' nimmer woaßt, obs d' a Mannderl oder a Weiberts bist!

Dammerl:
(Halb bewundernd, halb zweifelnd) Aber, was d' net sagst! – So oafach is dees?! – Mit a paar Scheinwerfer und an bißl Hokuspokus?!

Sparifankerl:
Hast wohl no nia was von de berühmtn Zauberer ghört? Ma merkts halt, daß ihr da heraußn am End der Welt lebts! – Und akkurat da soll der Messias geborn wordn sei?!

Dammerl:
No ja, i konns ja aa net glaabn – obwohl, wann i mirs recht überleg: Schön waars ja, wann endlich oana kaam, oana, der uns wieder a Hoffnung und wenigstens oa Fünkerl Muat gaab. Es müaßat ja net glei der Messias selber sei . . .

Sparifankerl:
I glaab glei, du fangst jetza as Spinna o. I moan allaweil, da bin i grad zur rechtn Zeit kumma! (Er zieht seine Schnupftabakdose aus der Manteltasche, klappt sie hörbar auf und hält sie dem Dammerl hin.) Da, nimm a Prisn Schmai, daß d' wieder an klarn Kopf kriagst!

Dammerl:
(Zögernd, doch bereit, das Angebot zu nützen) Dann bin i halt so frei!

Sparifankerl:
Nimm nur a gscheite Pris; an solchanen Schmai kriagst net alle Tag!

Dammerl:
(Herzhaft zugreifend, genüßlich schnupfend, dann heftig niesend) Dees is aber scho a ganz a rassa! Der brennt ja wia's reinste Höllenfankerl! – Ja, pfui Teifi, pfui Teifi – was steh i aus! I moan allawei, da hast mi ganz schö gleimt, du Spitzbua, du ganz ausgschaamta! (Er muß wiederholt lautstark niesen.)

(Der Sparifankerl ist inzwischen behende verschwunden. Man hört nur noch sein schadenfrohes, meckerndes Lachen.)

Dammerl:
(Sich die Augen reibend und erstaunt um sich blickend) Furt is er – als wann er nia dagwesn waar. Und taat mi jetza net der Schmaizler brenna, kunnt i moana, i hab traamt. – Fragt si, wer war jetza der größere Zauberer, der oa oder der ander? – I moan allaweil, i hätt doch besser mit meine Spezln nach Bethlehem mitgeh solln. (An das Publikum gewandt) Was moants ihr, liabe Leut? – Wenn i mi schleun und den Abschneider durchs Brucker Filz nimm? – Und laffa muaß i natürli scho aa di ganze Streck! – Also, Dammerl, pack mas, auf gehts! (Er rennt los, ohne sich weiter zu besinnen)

Dritte Szene
Im Stall bei Bethlehem und Anbetung der Hirten

(Im milden Schein einer Lampe erscheint das Innere des Stalles mit einer etwa mannshohen, aus Brettern gefertigten Tür. In der Mitte befindet sich eine niedere Futterkrippe mit dem Kind. Rechts vom Eingang ahnt man eine Feuerstelle mit Reisig und Holzscheiten. Im Raum liegen etliche Heu- und Strohbündel. Links von der Krippe hält sich Josef auf. Er ruht auf einem Lager aus Stroh und hat den Kopf, der Krippe zugewandt, in seine linke Hand gestützt. Maria steht rechts. Sie prüft besorgt die Zudecke des Kindes.)

Maria:
Schlaf nur gut, mein Büberl! Wir passen schon auf dich auf, daß dir nichts Unrechts gschieht. Gell, hast es doch recht schön warm im Kripperl. Freilich, schaukeln laßt sich das nicht. 's ist schon wirklich schad; denn daheim in Nazareth hättest die schönste Wiegn. Extra aus Zirbelholz hats dein Nährvater gmacht. Das riecht so gut wie Weihrauch, hat er gmeint.

Josef:
(Aufschreckend) Was ist? Hast du was gsagt?

Maria:
Ich hab dem Kindl grad von der Wiegn erzählt, die daheim, in Nazareth, steht ...

Josef:
(Sich die Augen reibend) Ich glaub allerweil, ich hab ein Gsatzerl gschlafn ...

Maria:
Das war dir ja auch vergönnt – nach allem, was du mitgmacht hast!

Josef:
Aber red nicht von mir! – Wie gehts denn dir? Du bist wohl gar nicht müd? – – – Du strahlst ja wie ein Apfelbaum in der Maienblüt!

Maria:
(Lächelnd abwehrend) Geh, Josef, ich mein allerweil, du willst mich trösten – oder träumst vielleicht gar noch?

Josef:
Nein, ganz gwiß nicht! Du kommst mir wirklich so vor!

Maria:
(Über die Krippe gebeugt) Schau nur das Gesichterl an! Und wenn ich strahl, dann bin ich höchstens ein kleiner Abglanz von unserm Kindl.

Josef:
(Die Hände über der Brust kreuzend und andächtig über die Krippe geneigt) Ich hab in meinem Leben schon viele kleine Kinder gesehn. Aber so was noch nie – so was Lichtes, Goldiges – so was Heiligmäßiges! Nein, wirklich noch nie ... Und jetzt fällt mir auch plötzlich ein, was mir geträumt hat. Ein recht gspaßiger Traum wars ...

Maria:
Erzähl schon, Josef!

Josef:
Da tragt mich doch ein Engl fort, weit fort, überall hin – in alle Länder – ja sogar bis zu den Negern und bis zu den Indianern übers große Wasser. Und überall seh ich dort eine Frau und einen Mann, die vor einem Kindl knien – und an uns denken . . .

Maria:
An uns drei?

Josef:
Ja, an uns drei! Und jedes Jahr, solang die Welt Bestand hat, feiern die Menschen überall auf der Welt diese ganz *besondere* Nacht!

Maria:
Und alles das hat dir der Engel gesagt?

Josef:
Gezeigt hat er mir's, gesehen hab ich's wie lauter lebendige Bildln.

Maria:
Wie lauter lebendige Bildl, sagst, Josef? Dann kann auch ich dir jetzt verzähln, was ich inwendig gesehn hab: Leut von nah und fern sind gekommen, alte und junge Leut, schwarze, braune und ganz hellhäutige, bettelarme und ganz reiche Leut, die einen grad in Lumpen gehüllt, die andern in Samt und Seide, mit Goldketten um den Hals und Diamantringen an den Fingern . . .

Josef:
Und alle kommens zu unserm Kindl?

Maria:
Und alle knien sich hin und busseln ihm die Handerln . . .

Josef:
Wenn das nichts zu bedeuten hat! – Aber ob das die Leut halt später einmal verstehen, was wir mitmachen und wies uns ums Herz ist in unserer »Armseligkeit«?!

(Während Maria und Josef nachdenklich schweigen, hört man draußen Geräusche und dann ein deutliches Klopfen an der Stalltüre.)

Maria:
Hat da nicht jemand angeklopft?

Josef:
Ja, mir ists auch so vorgekommen. (Er nähert sich der Tür, lauscht und fragt:) Ist jemand draußen?

Friedl:
D' Hirten san ma. Der Friedl bin i. Brauchst koa Angst habn vor uns! A liachta Mo hat uns hergschickt. Zum Kindl in der Krippn solln ma kumma, hat er uns ghoaßn. – Und da habn ma uns gleich aufn Weg gmacht . . .

Josef:
(Vorsichtig öffnend und hinausspähend) Wer seid ihr? – Die Hirten? – Und ein Engel ist euch erschienen?!

Friedl:
(Etwas zu laut und eifrig) Ja, a ganz a liachta Mo is's gwesen, und vom Himmi her is's Gloria erklunga – aber so schön scho . . .!!!

Josef:
(Mit dem Zeigefinger vor den Lippen) Pst! – Pst! Nicht gar so laut! 's Kindl schlaft! – Tuts mirs ja nicht aufwecken!

Friedl:
(Nachdrücklich flüsternd) Schaug nur, lauter brave Manner san dees (Zeigt auf seine sich um ihn scharenden Begleiter), und mitbracht habn mir euch aa was!

Josef:
Dann kommt nur allesamt herein. (Er weist ihnen die Plätze rund um die Krippe an, während Maria mit einladender, aber zur Behutsamkeit mahnender Gebärde dem Kind nahe bleibt.)

Friedl:
(Weiter im Flüsterton) Dann sagn ma halt Vergelts Gott für die Gnad und san so frei . . . Z'erst aber wolln wir unsere kloana Gschenka auspacka.

Hansl:
Viel is 's ja net, mia san ja selber arme Schlucker, aber was ma bringa, kummt von Herzn!

Friedl:
(Ein Lämmlein darbringend) Mei liabsts Schaferl is 's. Aber mi solls net reun, wenns euch a Freud macht.

Hansl:
(Er hat Friedl den Vortritt gelassen, breitet jetzt ein Lammfell aus und übergibt es Maria) Was Warms, hab i mir denkt, is nia verkehrt . . .

Maria:
(Das Geschenk in Empfang nehmend und mit der Hand darüberstreichend) Das ist aber auch ganz besonders weich. Wie Seide spürt sichs an. Herzlichen Dank, der Herr mögs dir vergelten, lieber Mann.

Hansl:
Hansl hoaß i . . .

Maria:
(Lächelnd) Also, Hansl, nochmals dankschön!

Dritter Hirte:
(Aus seinem Wams eine Flasche hervorziehend) I hab nur a Flascherl Schafmilli. Langs nur o, die is no handwarm. (Während Maria das Geschenk entgegennimmt, drängt sich der vierte Hirte, ein junger Bursch, vor.)

Vierter Hirte:
(Seine Gabe aus einem geknoteten Tuch wickelnd) I hab a Glasl Honig. Wennst davon a paar Löfferl in d' Milch rührst, vertreibt

dees an schlimmstn Huastn, bals Kindl grad a guate Medizin braucha taat...

Maria:
(An beide Männer gewandt) Ja mei, was seid ihr doch für liebe Leut! Da hab ich mir im stillen immer gewünscht, wie schön es wär, wenn ich dem Büberl sein' Schnuller in eine süße Milch eintauchen könnt. Und schon kommt ihr zwei und macht, daß mir dieser Wunsch erfüllt wird.

Fünfter Hirte:
(Einen Laib Brot auspackend und Josef reichend) I hab mir denkt, daß der Vatta und d' Muatta gwiß aa was braucha könna. A bisserl alt und hart is's halt. Aber nix anders hab i net ghabt...

Sechster Hirte:
(Dazwischenredend und sein Mitbringsel anpreisend) Mit a weng an Butter und a Stückerl Kaas drauf laßt sichs schon derkraftn!

Maria:
Euch hat uns wirklich der Himmel geschickt, und nur der kanns euch vergelten!

Siebter Hirte:
(Neben der Feuerstelle einen Kürbis ablegend) Fast schaam i mi, weil i bloß an Kürbis bringa ko. Aber a Kürbissuppn is net zum verachten, bal ma an echtn Hunger hat.

Josef:
Da hast wohl recht. Vor lauter Wohlleben und Übermut wissen heutigentags viele gar nimmer, was gut und gesund ist. – So sagen wir euch halt für alles ein ganz herzliches Vergelts Gott!

(In der nun für Augenblicke herrschenden Stille werden draußen eilige, laute Schritte vernehmbar. Der Hirte Dammerl kommt angehetzt.)

Dammerl:
(Außer Atem laut rufend) Friedl! – Hansl! Wo seids denn?

Hansl:
(Er steht der Türe am nächsten und macht spontan auf) Ja, Dammerl, was is denn mit dir los? Wia schaugst denn du aus! Mia habn gmoant ...

Dammerl:
(Erregt hervorsprudelnd) Fragts net lang! Da bin i! – Wia i zum Brucka Filz kumma bin, is dort der liachte Mo gwesen, und der hat mir mittn durch d' Finsternis an Weg zoagt. Taghell is's auf amal gwesn, und wia der große Moosgrabn kumma is, da hat er mi aufghobn und auf die andere Seitn umighobn. So is's mir vürkumma. Und der Sparifankerl, der 's allweil wieder probiert hat, mir an Fuaß z'legn, der is in der Kreuzdornheckn hängablieben und hat ganz abscheuli gfluacht.

Friedl:
Dees hättst oafacha aa habn könna, wennst glei mit uns ganga waarst!

Hansl:
Recht gschiechts eahm, dem ungläubign Dammerl! Richtig beuteln hätt er dich solln, der Sparifankerl – und sauba einitaucha in den großn Moosgrabn!!!

(Alle Hirten murmeln zustimmend.)

Josef:
Aber, liebe Leut, was fallt euch denn ein! Werdets doch net gar noch an Streit anzetteln – in dieser Nacht – vor dem heiligen Kindl!!!

Dammerl:
(Zerknirscht und Abbitte leistend) Seids ma nimmer bös! I bitt euch recht schön! I hab mitgmacht grad gnua in der letztn Stund, und wenn der liachte Mo net gwesn waar, woaß i net, was passiert waar!

Josef:
Laßts gut sein! – Der Herrgott in seiner Barmherzigkeit weiß

schon, wer seine Gnad verdient. Und einmal wirds heißen: Die Letzten werden die Ersten sein. So gesehen, ist dem Zweifler ganz gwiß eine große Huld zuteil worden.

Maria:
Schaut nur! – Grad jetzt ists Kindl aufgwacht!

Josef:
Kommt jetzt alle, aber seid nur schön behutsam!

(Mit leisen Schritten nähern sich die Hirten Maria und dem Kind.)

Friedl:
(Nach einer Weile andächtigen Betrachtens) A ganz a wundersamer Glanz geht von dem Kindl aus –, oder – sagts, Manner – siehg nur i alloa den wundersamen, den goldenen Schein?

Hansl:
Ja, Friedl, aa i siehgn, und ganz warm werd ma da drinnen – und so guat scho, daß ma moana kunnt, as Load hätt für alle Zeitn a End!

Dammerl:
(Ganz nah herantretend) Und wia's d' Armerl ausstreckt nach mir! Derweil bin i – ausgrechnet i – der oanzige, der nix mitbracht hat.

Josef:
Die Hauptsach, du bist da und hast dein Herz mitbracht!

Dammerl:
Mir is grad, als ob mi des Kindl segnen taat. (Er kniet nieder, und die andern folgen seinem Beispiel.)

Maria:
Aber nicht nur du bist gesegnet; alle miteinander seid ihr gesegnet! Ist doch auch der Engel euch allen erschienen! – Und hat er nicht gesagt: Friede sei allen Menschen auf Erden, die guten Willens sind?!

(Von Saiten- bzw. Blasinstrumenten begleitet, singt nun der Kinderchor leise ein Weihnachtslied, in das die Hirten miteinstimmen. Außer der altvertrauten Weise »Stille Nacht, Heilige Nacht« stehen zur Wahl auch »Es ist ein Ros' entsprungen«, das »Gloria in excelsis deo« oder der »Andachtsjodler« aus der »Deutschen Bauernmesse« von Annette Thoma.)

(Um das Krippenspiel möglicherweise mit einem heiteren Finale zu beschließen, könnte nach einer kleinen Pause, in der sich die Hirten zur Verabschiedung anschicken, folgende Szene angefügt werden:
Ein lautes Kratzen veranlaßt Josef, die Stalltüre zu öffnen. Der Sparifankerl stolpert gebückt und mit kuriosem Gehabe – drei Schritte vor, zwei zurück – in den Raum. Es zieht ihn mit unwiderstehlicher Gewalt zur Krippe, aber gleichzeitig verwehrt ihm eine unsichtbare Macht die unmittelbare Nähe zum Kind. So geschieht es, daß sich die Hirten wie schützend um die Krippe gruppieren. Dank seinen untertänigen Gesten gelingt es dem Sparifankerl schließlich, die Hände der ihm Nahestehenden zu ergreifen und sie zum Reigen rund um die Heilige Familie zu bewegen. Dazu erklingt jetzt ein fröhlicher Landler.
Mit dem allmählichen Verklingen der rhythmischen Weise verlassen dann die Hirten, angeführt vom Sparifankerl, den Stall und tanzen, an den Zuschauern vorbei, aus dem Theatersaal. Dammerl, der eine Mundharmonika aus der Hosentasche zieht, macht sich als letzter in der Reihe los und spielt den Landler auf betont übermütige Weise zu Ende.)

Herbergsuche

Wia ko so-was pas-siern, daß bei Schnee-treibn und Gfriern,

wenn koa Viech treibt ma naus, wia ver-na-gelt is's Haus!

Wia derf so was bloß sei,
daß der Josef mim Wei,
wenns staad oklopfa tean,
grad net eiglassn wern!

Broad und warm hockas drin,
ham nix anders im Sinn,
ois was guat tuat und schmeckt
und as Gwissn zuadeckt.

Was bedeut scho fremds Lebn?
Solln die andern was gebn;
mia ham gwerkelt grad gnua,
gehts und laßts uns in Ruah!

So wars damals, is's heut;
allweil gleich bleim die Leut.
Doch gar nia net waars z' spaat,
wenn a jeder was taat.

Waars net vui, bloß a weng,
taat ma gspürn bald den Segn.
Denk ans Weib und sein Mo,
morgn klopfst *du* vielleicht o . . .!

Es begab sich in der Heiligen Nacht

Mit dem dumpfen Ausdruck des Unglücks ging die Korbmacher-Linni des Weges. Sie hatte keinen, der sie begleitete. Keinen Josef und auch keinen Esel, dem sie ihre Bürde hätte anvertrauen können. Sie ging gesegneten Leibes, und sie spürte mit jenem mystischen Wissen, das der leidenden Kreatur eigen ist, daß sie sich beeilen müsse. »Fahrst halt in Gotts Namen zur Tante Babett. In der Stadt fallst net so auf, und dort findst leicht nacha a guate Herrschaft«, so hatte Linnis Vater gemeint, als er sie fortschickte.
Aber die Tante hatte tags zuvor ein Schlagerl gestreift. Sie lag im Krankenhaus, und man wußte nur, daß es nicht gut um sie stand. So ist die Linni im dunklen Hausgang noch eine Weile an der Wohnungstür gelehnt. Sie hat an den Mann gedacht, der im frühen Lenz so leichtfüßig in ihr Leben getreten und ebenso wieder gegangen war, und hätte sie jetzt nicht ihre schwere Stunde erwartet, wäre ihr alles wie ein Traum vorgekommen. So weit schien es zurückzuliegen. Ergeben fügte sie sich in ihr Schicksal.
»Ich muß wieder heim«, hörte sie sich sagen, und sie schleppte sich zur breiten Straße, die zur Autobahn führt. Bald hielt auch ein Mann, der einen Lastwagen fuhr. Er dachte zunächst, es wäre eines jener zwielichtigen Mädchen, wie sie am Rande der Großstädte anzutreffen sind. Dann aber, als er sich niederneigte, sah er, wie es um Linni stand.
»Wärst besser daheimgeblieben«, meinte er. Sie versuchte zu nicken. Da aber spürte sie, was sie schon einmal im dunklen Hausflur gespürt hatte. Es war eine Woge des Schmerzes, unter der sie sich ducken mußte. Verzweifelt blickte sie zu dem Mann auf, unfähig, eine Antwort zu geben.
»So weit ist es also schon mit dir«, hörte sie wie von ganz fern seine Stimme. »Da wird's wohl das beste sein, du wartest hier, bis ich Hilfe geholt habe.«

Ein paar Augenblicke lang saß sie auf dem Trittbrett des Lastwagens. Sie spürte die Kälte, die vom Metall ausging. Sie spürte die ganze Kälte der Welt, und etwas zwang sie, sich aufzuraffen und fortzulaufen. Aber sie kam nicht weit. Der Schmerz holte sie ein und verlangte, sich ihm zu beugen.

So fanden sie die beiden Männer, die mit Blaulicht gekommen waren und sie mit dem tastenden Lichtfinger ihrer Stablampe bald aufgespürt hatten.

»Wärst halt damals davongelaufen, dann hättest heute keine Not«, sagte der Stärkere von den zweien, der sie aufhob und zum Wagen trug. Sie hörte heraus, daß er es ohne Vorwurf sagte. Es war eine Feststellung, nichts weiter.

Sie hielt die Augen geschlossen. Trotzdem sah sie den Widerschein des zuckenden Blaulichts. Sie staunte, wie schnell sich das Auto in Bewegung setzte, hörte den wechselnden Hupenton und das Geräusch der Reifen auf dem Asphalt. Einen Atemzug lang dachte sie, was die Leute ihres Dorfes sagen würden, wenn dort bekannt würde, was sie erlebte. Und beinahe kam sie sich ein bißchen wichtig vor.

In der Klinik empfing man sie mit jener Kühle, die der Sturm ungezählter Schicksale hinterlassen hat. Aber das empfand sie kaum. Sie hatte mit sich zu tun. Und obwohl sie es zum ersten Mal erlebte, wußte sie, daß ihre Stunde gekommen sei. Alles andere trat immer weiter zurück. Die weißen Wände des Raumes dehnten sich wie ein riesiges Schneefeld nach allen vier Winden. Nur sich selbst spürte sie, etwas, das mit ihr verbunden war und das sich nun von ihr trennte, um noch mehr als alles auf dieser Welt ihr eigen zu werden ...

Die kleine, rundliche Schwester mit der großen weißen Flügelhaube, die ihr das Kind in den Arm legte, war das erste, was Linni später wahrnahm. Es schien, als schwebte sie engelgleich lautlos herbei. Einen Augenblick lang war der jungen Mutter die Stimme fremd. Aber dann verstand sie jedes Wort. Es war die Mundart ihrer Heimat: »A Büaberl is's – a echts Christkindl – und feine Haarl hat's aa scho!«

Jemand brachte einen Zweig mit einer brennenden Kerze, eine Tasse mit heißem Punsch und einen großen, duftenden Lebkuchen. Altvertraute Weihnachtslieder wehten an Linnis Ohr. Sie lächelte. Ihr Gesicht war gelöst und leuchtete von innen heraus. Sie spürte die Nähe des Kindes und empfand, daß sie mit niemand auf der weiten Welt hätte tauschen mögen. Sie hätte jubeln können, wenn sie nicht so unsagbar müde gewesen wäre. Alles Schwere war wie weggewischt und ohne Bedeutung.
»Es wird schon weitergehen – es muß weitergehn!« sagte eine Stimme in ihr. Ahnungsvoll spürte sie, daß es eine Kraft gab, die außerhalb des Irdischen lag, eine Macht, auf die sie selber keinen Einfluß und die sie bisher nie kennengelernt hatte. Und so erlebte die Korbmacher-Linni staunenden Herzens die beglückende Offenbarung dieser Nacht.

Die Flucht nach Ägypten

Nur ein Flüchtling zu sein,
ist das bitterste Los;
denn der Mut wird so klein
und das Leid riesengroß.

Schweigsam zieh'n sie dahin,
sind vom Sandsturm fast blind,
haben Angst nur im Sinn
und die Sorge ums Kind.

Alle Brunnen am Weg
sind nur Stätten der Hast,
selbst im Dornengeheg
bleibt kaum Zeit für die Rast.

Doch am End' aller Pein
winkt ein friedliches Land;
denn Gott selber greift ein
mit barmherziger Hand.

Gräberweihnacht

An jedem Heiligen Abend, wenn die Dämmerung von den Vorstadtstraßen hereinkommt, macht sich die Witwe Eichbichler auf den Weg zum Friedhof. Im Arm trägt sie ein Christbäumchen. Und so gerüstet schreitet sie durch das offene Tor auf den Gottesacker. Sie hat keine Grabstätte hier. Der Krieg, in dem Mann und Sohn geblieben sind, hat die Ruhestätten in eine für sie unerreichbare Ferne gerückt, wie das Familiengrab in der alten Heimat jenseits des großen Waldes. Deshalb gilt die Fürsorge der einsamen Frau den verwaisten Gevierten mit den schmucklosen Holzkreuzen und den verwitterten russischen Namen.
Und hier, wo die alte Frau ganz allein ist, stellt sie das Bäumchen auf und zündet die Kerzen an. Dann steckt sie die bloßen Hände in die Öffnungen der Mantelärmel und verharrt so lange in Gedanken: Ganz deutlich erinnert sie sich noch an ihre Großeltern, die immer am Heiligen Abend in die elterliche Wohnung kamen, um hier das Fest zu feiern. Die Großmutter, schlank, mit dem aufrechten Gang, der Großvater gedrungener, mit dem runden Gesicht und den geschickten Händen, wenn es galt, dem Kind in der Krippe eine bessere Liegestatt oder den Schafen einen Pferch zu basteln. Da waren aber auch in der Erinnerung die Eltern. Der Vater mit dem verschlossenen Gesicht und die lichte Gestalt der Mutter, die eine Frohnatur war. Und dann denkt die alte Frau an die ersten Weihnachten ihrer Ehe. Das Büblein war da. Sie hört, wenn sie in sich hineinlauscht, sein Jauchzen über die Lichter am Baum, und sie sieht, wie er, unbeholfen noch, vom ersten Baukasten und der hölzernen Eisenbahn Besitz ergriff.
Wie schnell doch die Jahre vergingen, mit den warmen, den friedlichen Festen. Sie vergingen, als ob sie nur eine Handvoll glückseliger Träume gewesen wären.
Die Kerzen flackern im kalten Lufthauch, und in ihrem Schein wird manches Wort an den Holzkreuzen für Sekundenfrist les-

bar. Aber die alte Frau weiß es auch so: Andrey Nischkin stammte aus dem Raum Witebsk. Und aus einem Dorf unweit dieser russischen Stadt kam der letzte Brief ihres Sohnes: »Die Menschen hier sind gut«, schrieb er. »Sie teilen das schwarze, klebrige Brot und ihre letzten Kartoffeln mit uns. Wir haben ein Bäumchen geputzt und Weihnachten gefeiert, beinahe wie zu Hause.« – Und nun ist er dort für immer, denkt sie und versucht sich vorzustellen, wie sein Grab ausschauen mag. Vielleicht steht dort auch eine alte Frau und hat ihre Gedanken. Und ihr Sohn, beinahe so alt wie der meine, heißt Andrej Nischkin und ist geboren im Dorf Petrowka bei Witebsk. So sinniert die Frau und tritt näher an das Holzkreuz. »Warst sicher auch ein guter Bub wie der meine!« Und sie streichelt zärtlich über das Holz, wie man über die Schultern eines lieben Menschen streichelt. Dabei wird ihr bewußt, daß die Welt voll von Friedhöfen ist, auf denen Söhne liegen. Irgendwie fühlt sie, daß sie aller dieser Söhne Mutter ist. Ganz gleich, welcher Nation oder Rasse sie auch angehört haben mochten. Gleichgültig auch, ob der einzelne ein einfacher Soldat gewesen ist oder eine hoffnungsvolle Persönlichkeit, um die eine Welt trauert.

Seufzend verlischt ein Licht nach dem andern. Ehe die Holzkreuze von der Dunkelheit eingehüllt werden, summt sie leise das Lied von der stillen, der Heiligen Nacht. Ein wundersamer Friede erfüllt sie. Und mit dem verklärten Lächeln jener Menschen, die nie aufhören, guten Willens zu sein, tritt sie den Heimweg an.

Erlauschtes in der Krippenschau

»Mama, san de Engerl arm, weil s' alle barfuaß genga?« –
Und barfuß auf und auf ist auch das Christkindl, das sich in den Krippen auf Heu und Stroh zeigt und manchmal schon eine Gebärde macht, als ob es alle die segnen wolle, die herbeiströmen. Deren sind es, außer den hier immer diensttuenden Hirten, gerade um die Weihnachtszeit mehr als genug. Der Welt größte Krippensammlung im Bayerischen Nationalmuseum an der Prinzregentenstraße in München ist nämlich längst zu einem Mekka für alle Krippenpilger geworden. Und wie es sich gehört, sind heute wie vor bald zweitausend Jahren auch schokoladebraune Gesichter und Menschen mit fremdländischen Sprachen darunter, die ihre Nasen, den einheimischen Kindern gleich, an die Scheiben drücken, um der unermeßlichen Fülle und den faszinierenden Einzelheiten möglichst nahe zu sein. Ja, was es doch alles für Krippenarten gibt! Neben den großen holzgeschnitzten Darstellungen für Kirchen und Altäre entdeckt der schweifende Blick ein aus einem Stück Bernstein geschnittenes Kunstwerk und in seiner Nachbarschaft ein Elfenbeinrelief. Da präsentieren sich Miniaturkrippen, Kasten- und Hauskrippen, Guckkasten- und Papierkrippen. Und nicht zuletzt freut sich der schnauzbärtige Opa, der seinen Enkel hochhebt, über die alten Freisinger, Tölzer und Tiroler Krippen, weil den zünftigen, zum Jesulein stiefelnden Trachtlern seine besondere Sympathie gehört.
Bei den handbemalten Papierkrippen halten sich nur die Kenner länger auf. Die meisten Beschauer sind mehr für das Handfeste. Drum hat auch die »Heilige Nacht mit Anbetung der Engel« und einem wunderbar seidigen Nachthimmel, an dem die Sterne nur grad so funkeln und blitzen, eine weitaus größere Anziehungskraft. In theatralischer Pose steht dort ein Cherub, von einem himmlischen Scheinwerfer angestrahlt, während die Hirten noch ahnungslos in der Ferne um ein rotes Feuerl knien.

Aber auch bei der »Anbetung der Hirten« haben sich die Künstler vergangener Jahrhunderte etwas einfallen lassen: Vor einem stimmungsvollen Gebirgspanorama röhrt auf einem schneebedeckten Höhenrücken ein kapitaler Hirsch, während in einer neapolitanischen Krippe sich ein Ziegenbock ganz unheilig hinter dem Ohr kratzt und unweit davon zwei kämpfende Stiere zeigen, daß sich der Friede auf Erden bis zu ihnen noch nicht herumgesprochen hat.
Bei dem ausgestellten Krippenzubehör stößt ein blondzopfiges Mädel einen begeisterten Schrei aus: »Des könnt i alles für mei Puppenküch braucha!« In der Tat gibt es soviel herrliche Details, daß man zum Beispiel bei der Betrachtung der »Straße mit Markt in Neapel« das Gefühl nicht los wird, man müßte Urlaub nehmen, um das tausendfältige Miniaturleben zwischen Muttergottesbild und Spelonca wenigstens halbwegs erfassen zu können.
»Achttausend Figuren!« zitiert ein Besucher, der seine Weisheit aus einem Bücherl schöpft, und wer genau hinhört, erfährt auch die Namen vieler berühmter Holzschnitzer, die sich alle um die hier ausgestellten Krippen verdient gemacht haben. Zwei typische Münchner Bürscherl aber interessiert das »Phantasiebild der Stadt Jerusalem« weitaus mehr: »Da ham de doch pfeigrad unser Rathaus einigsetzt!« meint der Ältere kopfschüttelnd. Angesichts einer Passionskrippe drängt sich auch einem seriösen Senior ein Vergleich auf: »Schauen diese Hohenpriester nicht wie Akteure aus einer Wagner-Oper aus?« Seine junge Begleiterin bewundert jedoch gerade die »Flucht nach Ägypten«, wo die Heilige Familie samt Eselein in einem Kahn einen See überquert, dessen Ufer viele Wasservögel und grausige Fabeltiere bevölkern. Im glasklaren Wasser aber tummeln sich, vom Nährvater unbemerkt, zwei leckere Fischlein. »De hätt i mir net auskemma lassn, bal i der Josef gwen waar!« flüstert ein Bursch, dem man es ansieht, daß er immer eine Handangel im Hosensack trägt.
Indessen stehen zwei alte Eheleute in Gedanken versunken vor der Rundkrippe. Und man sieht es ihren Blicken an, daß sie durch die luftige Tempelruine wie durch ein weit offenes Fenster ins Land ihrer traumhaft fernen Kindheit schauen.

Der Stern hats ins Land gführt

Der Stern hats ins Land gführt, grad jetzt bleibt er

steh, und rings um den Stall is scho weg-taut der

Schnee. A Kumma und a Geh is, a Gwu-rl wia net

gscheit, die Hir-tn san da und vui liab-rei-che Leit.

So rastn de Keeni, bis Platz werd vorm Tor,
dann endli teans eahnane Gaben hervor:
a paar Packl Weihrauch, vui Myrrhen und Gold.
Doch ganz gwiß net deshalb lachts Kindl so hold.

Der Kaspar, der junge, der is recht verlegn
und buckelt si tiaf unterm Kindl sein Segn.
Grad jetzt schaugts verwundert den Melchior o:
Wia oana nur gar aso ruaßschwarz sei ko!

Der dritte redt auswärts, so fein als wia druckt:
da hätt si vor Stauna as Kind bald verschluckt.
Drum nimmts jetzt sei Muatta ganz gschwind aufn Schoß – – –
Da siechts as Kamel und as gscheckate Roß . . .

Und da steht, fast zum Fürchtn, der Elefant.
Der Kloa möchtn streicheln, möcht sonst allerhand.
Doch plötzli werds dunkel und stockfinstre Nacht;
der Schweifstern hat einfach sei Liachtl ausgmacht!

Die Heiligen Drei Könige

Da singen s' wieder vor der Tür,
die Heiligen Drei Keeni:
Der Franz vom Schneider Kasimir,
der Wopperschalik-Bene . . .

Und weil das Schwärzen keiner will,
macht wieder, wie im Jahr zuvor,
die Mary von der Missis Mill
den Mohrenkeeni Melchior.

Der Franzl kommt von Ungarn her,
der Bene stammt aus der Tschechei,
die Mary reiste übers Meer,
und so san s' der Keenige drei!

Die kleinen Heiligen Drei Könige

Es stand für die Giesinger Buben aus der Grasstraße schon seit Weihnachten fest: »Weil mir Freund san, machn mir die Heiligen Drei König!« Willi schlug vor, sich beim nächstbesten Kripperl Informationen und Anregungen zu holen. Als sie sich aber dann die Nasen an der Scheibe plattdrückten, um ja alles genau zu sehen, schüttelte einer nach dem andern den Kopf. »Mit Samt und Seide ist da bei uns nix drin«, sagte der Xaver. »I bin froh, wenn i a Leintuch krieg!« Der Alois bemerkte schließlich, daß man auf die Köpfe besonderen Wert legen müsse. »Die reißen dann alles heraus, was unten herum net ganz stimmt.« Fest stand auch, daß der Willi, den sie seines gefleckten Gesichts wegen nur den »Sommersprossenbeni« nannten, den Mohrenkönig machen müßte. Mit solidem Ruß eingerieben versprach er einen glaubhaften Balthasar abzugeben. Die Kronen, auf die es ihrer Meinung nach ganz besonders ankam, erbot sich der alte Papa Weinzierl aus Konservenblech herzustellen und mit Goldbronze und bunten Glasperlen zu veredeln. Ein Besenstiel wurde zweckentfremdet und ein mit einer Taschenlampe installierter Stern daran befestigt, der Jahre hindurch zur Weihnachtsdekoration des Milchladens gehört hatte. Eine Zigarrenschachtel, mit Goldpapier tapeziert und mit einem Schlitz zum Einwurf der Münzen versehen, vervollständigte neben einem Kissenüberzug, der als Sack dienen sollte, die Ausrüstung.
»Und was habts nacha für a Verserl?« fragte Papa Weinzierl. Betroffen schauten sich die Buben an. Daran hatten sie noch gar nicht so recht gedacht. »Wern ma glei ham...«, schmunzelte er, der bekannt war, daß er zu allen möglichen Gelegenheiten Gedichte basteln konnte. Und während der zukünftige König Kaspar den Besenstiel mit alten roten Weihnachtsbändern umwickelte, probten sie das Gedicht ihres Gönners:

Mir san die Heiling Drei Keeni
und wünschen euch fei net weni!
Recht viel Glück soll's Jahr euch bringa,
drum dean mir aa jetzt was singa.
Sollts allwei gsund und glückli sein.
Habts was für uns, so taat's uns freun.

Bei besonders hartnäckigen Zuhörern ließ sich die letzte Strophe beliebig oft wiederholen.
So zogen sie also los. Daß sie zuerst eine Straße wählten, in der sie unbekannt waren, hatten sie dem König Melchior, alias Xaver, zu verdanken. »Net daß mia uns dahoam blamiern!« Bald aber brauchte selbst der Kaspar, dem das Auswendiglernen von Gedichten schon immer ein Greuel war, den Spickzettel nicht mehr. Mit seiner hellen Stimme fiel er besonders herzhaft mit ein, wenn es um die Wiederholung der letzten Strophe ging. Die hatte es ihm besonders angetan. Es sang sich auch herrlich in den Stiegenhäusern der vielstöckigen Mietshäuser, wo die akustischen Gegebenheiten ihr Unternehmen begünstigten. Es machte ihnen Spaß, Freude zu schenken. Und die nicht ausbleibende Wechselwirkung bedingte, daß auch sie reich beschenkt wurden und ihre Freude daran hatten. In der Zigarrenschachtel klingelten ungezählte Zehnerl, während der Sack sich mit Äpfeln, Orangen und Nüssen füllte.
Gerade als sie den Hof eines großen Wohnblocks betreten hatten, versperrte ihnen die Konkurrenz den Weg. Da hätten sie nichts zu suchen und sie sollten sich nur schleunigst aus dem Staub machen, wurden die drei Giesinger Könige angeraunzt. Und als der schwarze Balthasar zu allem Überfluß noch erkannte, daß der Herausforderer ein alter Widersacher war, versteiften sich die Fronten, und ein königlicher Streit schien unvermeidlich. Da aber trat aus der Gruppe der gegnerischen drei ein Weiser hervor, der sich als ein Mädchen entpuppte. »Teilen wir uns halt den Block«, schlug es vor, und so trennte man sich friedlich. Gleich darauf vernahmen die verwunderten Zuhörer dieses Blocks den Wettgesang von gleich sechs heiligen Königen.

Wie heißt der Mohrenkönig?

An einem frostigen Januarabend saßen wir drei Schulfreunde von einst bei einem Glas Punsch beisammen. Und weil zu dieser Stunde die Heiligen Drei Könige von Haus zu Haus gingen, lag nichts näher, als sich an die längst vergangene Kindheit zu erinnern.
»Als ich damals ein Büblein von gerade sieben Jahren war«, so begann Felix, »fiel ausgerechnet mir die Rolle zu, den Mohrenkönig *Melchior* zu spielen...« Aber schon unterbrach ihn Ferdinand: »Du meinst wohl den König *Balthasar,* denn das ist doch sein Name!!!«
Jetzt herrschte ein paar Augenblicke lang erstauntes und nachdenkliches Schweigen, bis ich, als der dritte in der Runde, mich aufgerufen fühlte, auch etwas anzumerken. »Wenn ich mich recht erinnere«, so wandte ich ein, »hieß der Dunkelhäutige *Kaspar*«, und ich versäumte nicht hinzuzufügen, daß ich mein Wissen auf Johannes von Hildesheim zurückführen könne. Aber ich erntete nur skeptische Blicke und ein ungläubiges Kopfschütteln. Schließlich regte Felix an, sich in gescheiten Büchern kundig zu machen, um alle Unklarheiten und Widersprüche ein für allemal auszuschalten.
Als wir »Dreikönigsforscher« wieder zusammenkamen, hatten wir in der Zwischenzeit keine Mühen gescheut und zahlreiche aufschlußreiche Quellen entdeckt und studiert. Allesamt waren sie von durchaus ernstzunehmender Art. Bedeutende Kirchenväter, honorige Gelehrte waren darunter, und nicht zuletzt ergänzten bekannte Mystiker die bunte Skala des vorgefundenen Materials.
Und siehe da! Jeder konnte nicht nur seine eigene Theorie beweisen, sondern auch die des andern nachvollziehen. So hatte es keiner von uns geschafft, den zweifelsfreien Namen des Mohrenkönigs zu ermitteln. Wie es sich für morgenländische Astronomen geziemt, steht die Antwort also nach wie vor in den Sternen...

Auf der Ofenbank

Hab auf d' Brat ä- pfi glauscht, die ham gsunga und

plauscht. Und der Schnee-wind hat gröhrt, doch mi hat dees net gstört...

Hat der Zwetschgenmo drüm
net grad d' Äugerl sich griem?
Schaugt beim Kripperl im Eck
net der Balthasar weg?

Is oa Schaferl net ghupft,
hat der Josef net gschnupft?
Derf dees Fatschenkind glei
so vui auftreibat sei?

Hätt mi's Katzerl net gweckt,
waar im Traum i noch gsteckt,
hätt mi, wies so passiert,
gwiß im Kripperl verirrt.

Stand vielleicht gar als Rind
bei dem himmlischen Kind...
Ja, dees kimmt, wenn ma lauscht,
was der Bratapfi plauscht!

Moosbichlers Silvesterfeier

Heuer waren die Moosbichlers an der Reihe, die Schafkopfbrüder samt Familien an Silvester zu beherbergen. »Da muß ich mir diesmal schon ganz was Bsonderes einfallen lassen«, war die Meinung des Hausherrn. Bei allem wollte selbstverständlich auch die Frau des Hauses gehört werden. Das war sicherlich gut so. Denn der gute Moosi, wie er von seinen Spezln genannt wurde, wartete mit den narrischsten Einfällen auf. So sollte jeder einen Miniknallfrosch unter den Stuhl bekommen, und dieselben sollten mittels eines Knopfdrucks elektrisch gezündet werden. Die beiden Sprößlinge fanden diesen Plan genial. Nur Mama nicht; sie wollte die nicht unerhebliche Summe für einen neuen Teppich schon jetzt hinterlegt wissen.
Mama war eben eine typische Spielverderberin. Darum erntete auch ihre Aufforderung, sich für das Bleigießen zu rüsten, zunächst nur ein mitleidiges Lächeln.
»Das Bleigießen hat doch schon sooo einen Bart!« mokierte sich der Jüngste. – »Aber nicht, wenn wir dem Blei ein paar Körnchen Schwarzpulver ankleben!« überlegte der Älteste.
Mama gab es kopfschüttelnd auf, die Mannsbilder für einen vernünftigen Scherz zu gewinnen. »Ohne mich!« erklärte sie und schloß die Tür hinter sich mit Nachdruck. Es klang beinahe wie ein Donnerschlag. Daraufhin fand Papa es am klügsten, nachzugeben und doch etwas anderes mit seinen beiden Buben auszuhecken.
Silvester kam, und schließlich war es so weit, daß die Gäste punschselig, einer nach dem andern, den Löffel mit einem Bleistückchen ergriffen und dies über die Kerzenflamme hielten.
Sobald das Blei flüssig und der Guß in die Schüssel mit kaltem Wasser erfolgt war, begann nach genau durchdachtem und erprobtem Plan der Auftritt des Jüngsten. Der hatte nämlich das Licht auszublasen. Geschwindigkeit ist bekanntlich keine Hexerei. Während der kurzen Dunkelheit oblag dem Ältesten ledig-

lich die Aufgabe, den jeweiligen Guß flugs herauszufischen und gegen ein bereits vorbereitetes Stück auszutauschen. Und siehe! Was kamen da für lustige Gebilde zum Vorschein! Alle waren sich einig, nie bisher etwas Originelleres und Hübscheres fabriziert zu haben. Der Sonntagsjäger Wolferl zog zum großen Gaudium seiner Kartenbrüder einen Dachhasen aus dem Bade, auf den er einmal, kurzsichtig, wie er war, angelegt hatte. Der Witwer Ferdinand angelte mit spitzen Fingern eine Miniaturdame mit durchaus aufregenden Formen aus dem kühlen Naß, und dem Toni, dem Jüngsten der Schafkopfrunde, drückte das Schicksal aus zweiter Hand eine Kanone ins Gemüt, die, je nach Betrachtungsweise, auch eine Gulaschkanone sein konnte. Dann aber passierte die erste Panne. Denn daß ausgerechnet Opa Weinzierl das Wagerl mit den Zwillingen heben mußte, löste neben schallendem Gelächter auch einige Verwirrung aus, zumal die jungverheiratete Vevi dafür ein Gebilde an Land zog, das man nur als einen Pantoffel deuten konnte.

»Au weh, den hätt' ja eigentlich ich erwischen müssen!« entfuhr es dem Hausherrn. Heraus war es, und laut genug war es auch, so daß keiner es überhören konnte. Mama quittierte diese Äußerung mit einem vernichtenden Blick. Papa aber schaute einfach nicht hin. Und das war bereits sein erster Versuch, wenigstens im neuen Jahr der Gleichberechtigung einen Schritt näherzukommen.

Staadlustig ins neue Jahr

Schö staadlustig wünsch i mirs kommende Jahr,
bin dankbar für alls, was im altn guat war,
und hoff, daß i wieder nach jedem Tag
gern in mir selber mei Ruah findn mag.

Und was i mir noch wünsch, wie leicht is des gredt:
daß alle mehr Herz ham, dann herrschat koa Gfrett!
Wenn jeder dem andern taat helfa beizeit,
wia schnell gaabs statt Traurigkeit wieder mehr Freud!

Nachts schaug i zum Himmi und frag alle Stern:
»Wia werds wohl am End mal bei euch drüben wern?«
Und da blinzelns mir zua auf all meine Fragn:
»Staadlustig, staadlustig – mehr könn' ma net sagn . . .«

Ein Jahr . . .

Ein Jahr schwingt hinaus
nach ewiger Weis.
In Garten und Haus
schließt sich der Kreis.

Was bleibt uns als Pfand,
Wieg' oder Bahr'?
Ein namenlos Land,
das neue Jahr!

Ein uraltes Lied
durch Zeiten her:
Alles ist Abschied
und Wiederkehr.

Zuvor schon von Günter Goepfert
in der Verlagsanstalt »Bayerland«

Wenn die Kerzen brennen

Besinnliches und Heiteres von Nikolaus bis Dreikönig

128 Seiten, Format 14 x 21 cm, laminierter Einband,
illustriert von Gertrud W. Richter, DM 24,80
ISBN 3-89251-017-2

Für Goepfert ist »Bethlehem überall, wo Liebe ist« – jene Liebe, die von dem Kind in der Krippe ausgeht. Wie damals aber, zur Zeit der Herbergssuche, scheint dieses Kind keine Heimat zu finden in einer Welt der Unbarmherzigkeiten. »Friede auf Erden« kann es indes nur geben, wenn wir alle »wie die Hirten« vor Kind und Krippe still und demütig werden.

Goepfert überträgt diese Botschaft und Mahnung immer wieder unmittelbar anrührend in die Verhältnisse unserer Gegenwart, der nahen Vergangenheit von Krieg und Vertreibung, aber auch in die heimelige Sphäre seiner unvergessenen Kindheit. Dabei kommt der handfeste bayrische Humor nicht zu kurz, wenn es um Nikolaus und Krampus, die Weihnachtsbäckerei und die Silvesterfeier geht.

Gertrud W. Richter stattete den Band attraktiv mit ihren beliebten Scherenschnitt-Illustrationen aus.

In der Reihe »Kurz und guat«:

I nimms, wias kimmt

Bayerische Gedichte und Geschichten

64 Seiten, Format 12 x 17 cm, ISBN 3-922394-77-9

Verlagsanstalt »Bayerland« Dachau